Bruno

vom Baby zum Sternenkind

Das kurze Leben meines Kindes
und die Auswirkungen auf mein Leben

Bibliografische I nformation d er D eutschen N ationalbibliothek: D ie D eutsche Nationalbibliothek verzeichnet diese Publikation in der Deutschen Nationalbibliografie; detailierte bibliografische Daten sind im Internet über dnb.dnb.de abrufbar.

Verlag: Vorstadtfarben Martina Anger, Premstätten
Herstellung und Verlag: BoD - Books on Demand, Norderstedt

ISBN: 9 783751 932776

Inhalt

Einleitung

Seit November 2016 bin ich Mitglied eines Clubs, in dem niemand freiwillig Mitglied sein will: Ich bin „Sternenkindmama". Seitdem habe ich viele andere Clubmitglieder kennengelernt und jede Geschichte ist einzigartig und berührend. Die Geschichten werden ausgetauscht, manchmal kurz und bündig, manchmal ausführlicher, manchmal auf einer Bühne mit einem Saal voller Zuhörer, manchmal im Caféhaus von einer Person zur anderen. Nun erzähle ich meine Geschichte zum ersten Mal in Buchform. Das ist eine Chance für mich, meine Geschichte möglichst vollständig und ehrlich zu erzählen. Ich hoffe, dadurch anderen Menschen Mut machen zu können und den vielen Familien, die um ein Sternenkind trauern, zeigen zu können: Ihr seid nicht allein.

Eine solche Geschichte ist natürlich traurig, aber ich will mich darauf konzentrieren, was mir bzw. uns als Familie geholfen hat und was uns gestärkt hat. Bei dieser persönlichen Geschichte ist es mir wichtig, ehrlich und aufrichtig zu sein, und darum kam ich nicht umhin, manches zu erzählen, bei dem Betroffene sich beschuldigt fühlen, weil ich über ihr Fehlverhalten erzähle. Doch Fehler passieren nun einmal und sind menschlich. Wenn ich diese Probleme ehrlich anspreche, haben andere die Chance, daraus zu lernen.

Es gibt so viele indirekt Betroffene, die sich hilflos fühlen und nicht wissen, wie sie angesichts eines so frühen, unerwarteten Todesfalls reagieren sollen oder was sie sagen sollen. Ich hoffe, dass ich durch meine Erzählung diese Situation verständlicher machen kann. Was mir besonders wichtig ist: Das, was ihr alle fühlt, ist ok und richtig. Es kommt nur darauf an, wie man mit den Gefühlen umgeht - zerbricht man daran? Oder entscheidet man sich dazu, das Schicksal anzunehmen, Trauer zuzulassen und sich in weiterer Folge durch diese Erfahrung stärken zu lassen. Bis ich dies so selbstsicher schreiben konnte, musste ich einen langen Weg zurücklegen. Aber ich erzähle nun eins nach dem anderen.

Es war einmal ein überraschender, positiver Schwangerschaftstest…

Neuer Job, neues Haus, neues Leben

Im September 2014 heirateten mein Mann Martin und ich nach gut viereinhalb Jahren Beziehung. Wir lebten zu der Zeit noch in Graz und ich war sehr zufrieden, wie alles mit Job und Familie lief. Im Frühjahr 2015 musste ich mich beruflich einigen Herausforderungen an meinem Arbeitsplatz stellen und es wurde für mich ein unangenehmer Ort, um zu arbeiten. Ich versuchte, die Probleme so gut es ging zu lösen, doch es kostete mich viel Kraft. Gleichzeitig fingen Martin und ich an, unsere Zukunftspläne zu überdenken. Ursprünglich wollten wir noch einige Zeit warten, um Kinder zu bekommen, aber wir beschlossen, unseren Kinderwunsch vorzuziehen und es zu versuchen. Doch es erging uns wie wohl manch anderen Paaren auch: Wenn man unbedingt will, klappt es nicht. Zur gleichen Zeit rannte ich bei meiner Arbeit in eine Sackgasse und sah mich gezwungen, mir einen neuen Job zu suchen. Ich hatte Glück und fand recht schnell eine neue passende Stelle. Dienstbeginn war der 1. September 2015. Nachdem es mit dem Kinderwunsch nicht auf Anhieb klappte und ich die Zusage für einen neuen Job in der Tasche hatte, wollten wir die Familienplanung wieder auf Eis legen.

Apropos Eis: Der Sommer 2015 hatte es ganz schön in sich, aufgrund einer Hitzewelle. Martin und ich bekamen dies jedoch nur am Rande mit, weil wir unseren zweiwöchigen Sommerurlaub am Höhepunkt der Hitzewelle im Juli auf Island verbrachten. Gletscher, Wind, Wasserfälle, die rauen Kräfte der Natur, ja sogar ein Schneesturm wurde uns beschert. Wir genossen diese Zeit sehr und ich kam mit neuem Elan zurück nach Hause. Wir wohnten vor der Reise noch in einer Mietwohnung in Graz. Da wir spürten, dass wir unseren Lebensmittelpunkt im Großraum Graz finden wollten, beschlossen wir, von Miete auf Eigentum überzugehen. Wir kauften ein Haus in Premstätten und zogen nach der Island-Reise in unser neues Zuhause ein. Wir richteten uns in aller Ruhe ein und ich hatte den August noch zur Verfügung, um tun und lassen zu können, was ich wollte, bevor ich im September in den neuen Job startete. Mein Tatendrang ließ jedoch ein bisschen nach. Mitte August merkte ich außerdem, dass ich mich nicht nur träge fühlte, sondern hin und wieder Bauchschmerzen bekam. Ich ging deshalb zum Arzt und bekam ein Medikament gegen Übersäuerung verschrieben.

Leider half es nicht. Ich wartete noch eine Zeit lang, aber es war keine Besserung in Sicht. Der 30. August war ein Sonntag und ich hatte an diesem Tag besonders starke Bauchschmerzen. Da ich nicht erst am Montag erneut zum Arzt gehen wollte, um möglicherweise für meinen ersten Arbeitstag am Dienstag, 1. September, krank geschrieben zu werden, wollte ich das Ganze sofort am Sonntag abklären. Wir fuhren ins Krankenhaus. Dort wurde ich mit einem Schwangerschaftstest auf die Toilette geschickt und schnell war klar, woher die Bauchschmerzen kamen: Der Test war positiv.

Martin strahlte vor Freude angesichts dieser Nachricht. Ich selbst war völlig perplex und konnte kaum einen klaren Gedanken fassen: Ich war auf einen Neuanfang bei einer neuen Arbeitsstelle fokussiert. Ein Kind zu bekommen überforderte mich in diesem Moment gedanklich jedoch vollkommen. Ich machte mir überhaupt sehr viele Sorgen darüber, welchen Eindruck ich vermittle, wenn ich in einem neuen Job anfange und gleich erklären muss, dass ich schwanger bin. Meine neuen Arbeitskollegen und auch meine Vorgesetzten überraschten mich jedoch mit ihrer positiven Haltung. Nach den Schwierigkeiten, die ich in meinem vorangegangenen Job hatte, war dieses Erlebnis Balsam für meine Seele. Ich fand mich in einem sehr angenehmen Umfeld wieder mit wunderbaren Kollegen, die mich beglückwünschten und mir die Chance gaben, bis zum Mutterschutz mein Können unter Beweis zu stellen. Mir fiel ein riesengroßer Stein vom Herzen.

Die Schwangerschaft

Nachdem ich die Überraschung des positiven Schwangerschaftstests verdaut hatte und ich mich an meinem neuen Arbeitsplatz eingelebt hatte, konnte ich die neue Situation - schwanger zu sein - gut annehmen. Die Schwangerschaft selbst verlief grundsätzlich recht unkompliziert. Ich bin keine Frau, die voller Stolz permanent ihren Babybauch präsentieren will, weil ich noch nie ein freizügiger Charakter war und mich und meinen Körper meist lieber dezent im Hintergrund halte. Nichtsdestotrotz veränderte die Schwangerschaft meinen Körper zusehends. Die Veränderungen verunsicherten mich in Bezug auf mein Körpergefühl. Ich bewundere andere Frauen, die voller Freude, voller Stolz und zu Recht ihren wachsenden Babybauch zeigen können und wollen. Ich bin da aber eben ein bisschen anders gestrickt und verstecke mich lieber, vor allem wenn ich mich unsicher fühle. Gesundheitlich ging es mir jedenfalls sehr gut und das Kind entwickelte sich nach und nach wunderbar. Bei den Ultraschalluntersuchungen sahen wir, dass wir einen Sohn erwarteten. Und vom Charakter her schätzten wir und auch die Frauenärztin ihn als einen gemütlichen Charakter ein. Er war alles andere als quirlig, sondern schlief bei EKGs meist lieber und musste dann oft durch Rütteln meines Bauches aufgeweckt werden. Ich verzichtete auf zusätzliche Ultraschalluntersuchungen und auch auf das Organ-Screening. Ich vertraute darauf, dass alles gut läuft. Ich wollte mir durch zusätzliche Untersuchungen keinen Druck machen, sondern der verbleibenden Schwangerschaft lieber möglichst entspannt entgegenblicken.

Für die Geburtsvorbereitung wählte ich mit Martin einen HypnoBirthing®-Kurs bei einer wunderbaren Hebamme. Ich hatte durch den Kurs wieder besseres Vertrauen in meinen Körper gewonnen und fühlte mich gemeinsam mit unserem Kind gut auf die Geburt vorbereitet. Ich fing an, mich darauf zu freuen und die erste Skepsis vom Beginn der Schwangerschaft vollständig abzulegen. Dies half mir vor allem in Bezug auf Termine bei meiner Frauenärztin. Sie sagte mir immer wieder, dass mein Kind zu groß sei für eine natürliche Geburt und ich mich auf einen Kaiserschnitt vorbereiten sollte. Mir war jedoch klar, dass die voraussichtliche Größe eines Kindes nichts über die bevorstehende Geburt aussagt. Abgesehen davon hatte mein Sohn einen langen, schmalen Körper und er befand sich in der richtigen Position, um natürlich zur Welt zu kommen. Auch im LKH Deutschlandsberg, das wir für die Geburt auswählten, wurde ich bei den Vorab-Untersuchungen beruhigt und mein Wunsch nach einer natürlichen Geburt ganz selbstverständlich unterstützt. Selbstredend habe ich nach dieser Schwangerschaft einen Frauenarzt-Wechsel vorgenommen. Es ist gut, dass es im Notfall die Möglichkeit eines Kaiserschnittes gibt, aber solange es unnötig ist, würde ich immer für eine natürliche Geburt plädieren.

Für die Zeit nach der Geburt hatten wir eine Hebamme ausgewählt, die zur Nachsorge zu uns nach Hause kommen sollte. Wir planten die Geburt zwar im Krankenhaus, aber für die ersten Tage zu Hause wollten wir die Unterstützung einer Hebamme. Außerdem darf man durch die Unterstützung einer Nachsorgehebamme das Krankenhaus früher verlassen. Wir trafen sie bereits vor der Geburt, um sie kennenzulernen und alles Notwendige zu besprechen. Sie empfahl mir eine wertvolle Lektüre übers Stillen vorab zu lesen und bestärkte uns in unseren Wünschen und Vorstellungen.

Um sicher zu sein, dass mein Umfeld keinen Druck auf mich ausübt durch Anrufe und ständiges Nachfragen, falls sich die Geburt verzögert, haben ich und mein Mann niemandem (außer unseren Arbeitgebern) den genauen Geburtstermin verraten. Errechneter Geburtstermin war der 16. April. Wenn jemand gefragt hat, habe ich immer nur gesagt „Mai". Bis 1. Mai wäre das Kind ja ganz sicher da und wir konnten die Zeit bis zur Geburt genießen.

Zwei Monate vor dem errechneten Geburtstermin ging ich in den Mutterschutz. Zu Beginn des Mutterschutzes verbrachten Martin und ich ein entspanntes Wochenende in Triest. Zwei Wochen später kam noch eine Freundin aus Stuttgart zu Besuch, die ich schon lange nicht mehr gesehen hatte. So füllte sich die Zeit bis zur Geburt meines Sohnes mit vielen schönen Erlebnissen.

Am Beginn des Mutterschutzes mit Martin in Triest.

Einen Monat vor Brunos Geburt besuchte mich eine Freundin aus Stuttgart (hier sind wir gemeinsam in der Zotter Schokoladenmanufaktur).

Es geht los

Am Montag, 11.4.2016, hatte ich einen Kontrolltermin im LKH Deutschlandsberg. Alles war in Ordnung und das EKG zeichnete schon Wehen auf, die ich jedoch noch nicht spürte. Am nächsten Tag sagte ich in der Früh zu Martin, dass ich nun doch anfange, ein Ziehen zu spüren. Ich bat ihn, das Handy bei der Arbeit bereit zu halten, falls es richtig losgeht. Die Wehen wurden tatsächlich immer deutlicher spürbar. Nach zwei Stunden bat ich meinen Mann, wieder nach Hause zu kommen, weil die Wehen intensiver wurden und ich nicht mehr alleine sein wollte. Wir beschlossen, gleich ins Krankenhaus zu fahren.

Gegen 12 Uhr Mittag waren wir dann im LKH Deutschlandsberg und ich wurde untersucht mit dem Ergebnis: Der Muttermund ist einen Zentimeter geöffnet. Es sah also danach aus, dass es noch eine Zeit lang dauern würde. Bis 16 Uhr wurden wir am Krankenhausgelände spazieren geschickt. Dann kam ich endlich in den Kreißsaal. Wir hatten den Eindruck, dass für die Hebamme die Geburt zu langsam voran ging. Durch die HypnoBirthing®-Vorbereitung blieb ich jedoch sehr ruhig und auf dem EKG konnte man gut sehen, dass auch mein Baby sehr gelassen war. Dennoch wurde eine Ärztin von der Hebamme hinzugezogen, doch diese bestärkte uns und wollte noch in keiner Weise eingreifen, weil auch sie unsere Situation als in Ordnung beurteilte.

Als die Geburt weiter vorangeschritten war und der Muttermund endlich zehn Zentimeter offen war, war es schließlich Mitternacht. Die Ärztin half letztendlich durch einen kleinen Druck mit den Händen auf meinen Bauch unserem Sohn durch die letzte Wehe. Er war geboren. Es war kurz nach Mitternacht, also bereits der 13. April.

Wir konnten unsere Augen nicht von ihm lassen. Er war endlich da. Sein Gesicht war nicht runzelig, sondern rund und weich. Seine großen, dunklen Augen blickten sich neugierig um und saugten alle Eindrücke auf. Besonders deutlich in Erinnerung geblieben sind mir seine wunderschönen, perfekten, langen Fingernägel. Es war ein unglaubliches Gefühl, plötzlich ein kleines Menschlein in den Armen halten zu dürfen. Mein Bauch schaute ganz eingefallen aus und es wurde noch eine Zeit lang an mir genäht, weil ich einen Dammschnitt bekommen hatte. Mein Mann saß neben mir, mit unserem Sohn im Arm. Ich machte von diesem Moment ein Foto mit dem Handy, das ich bis heute voller Stolz betrachten kann. Ich konnte es kaum erwarten, meinen Sohn dann auch selbst wieder an mich zu drücken. Nachdem das Nähen der Wunde fertig war und wir danach mit der Hebamme allein im Kreißsaal waren, diskutierten wir noch über den Namen. Wir wussten bereits zuvor, dass es ein Bub wird und wir hatten drei Namen zur Auswahl vorbereitet. Wir wollten uns jedoch erst dann festlegen, wenn wir unser Kind sahen. Ich blickte ihn an und wusste: Das ist Bruno. Martin musste erst noch ein bisschen darüber nachgrübeln und diskutieren, stimmte dann aber zu.

Bruno und ich wurden in der ersten Zeit noch gut im LKH versorgt. Drei Tage später kamen Martin und ich als frischgebackene Eltern mit Bruno nach Hause. Wir fühlten uns beim Verwenden der Babyschale für das Auto noch ein bisschen unbeholfen und auch, als wir mit ihm in unser Haus kamen. Es war ja von einem Moment auf den anderen ein Zwerglein da, das nun 24 Stunden am Tag Hilfe brauchte. Wir wussten im ersten Moment nicht einmal, wo wir die Babyschale mit dem schlafenden Baby im Haus am besten abstellen sollten und was wir nun mit dem Kind machen sollen. Umso unglaublicher, wie schnell man sich dann aber doch sein „Nestchen" genauso einrichtet, wie es sich richtig und bequem anfühlt. Wir verbrachten die meiste Zeit im Wohnzimmer auf der ausgezogenen Couch. Ich taufte die Couch bereits um in „mein Wochenbett". Die Nachsorge-Hebamme betreute uns daheim sehr professionell und liebevoll in diesen Tagen nach der Geburt. Sie unterstützte uns bei all unseren Fragen und Themen wie Stillen, Gewichtszunahme und Rückbildung der Gebärmutter.

Wir lebten in einer herrlich glückseligen Blase. Die Blase hielt jedoch nur kurz.

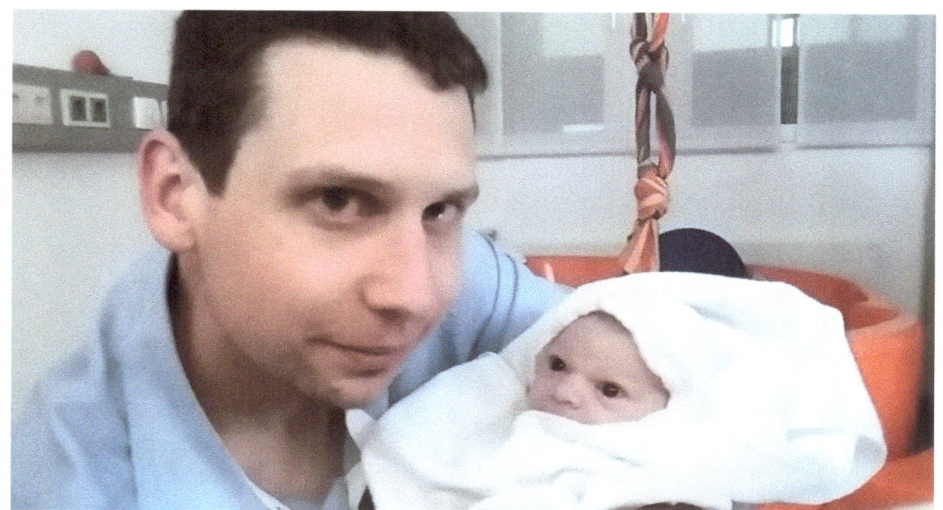

Kurz nach der Geburt: Vater und Sohn

Kuscheln zuhause mit Mama

Erstes gemeinsames Foto mit
Mama und Papa

Foto im Bären-Outfit -
speziell für die Dankeskarte,
die all unsere Freunde und
Verwandten bekamen.

Leistenbruch und Auffälligkeiten

Meine Nachsorge-Hebamme bemerkte bei einem ihrer Besuche einen kleinen Knubbel im Leistenbereich von Bruno. Sie schickte mich mit dieser Auffälligkeit zur Kinderärztin, die mit einem Blick einen Leistenbruch diagnostizierte. Aus medizinischer Sicht keine große Ausnahmesituation, da dies extrem häufig vorkommt. Ich erfuhr später, dass mein Mann als Baby ebenfalls einen Leistenbruch hatte. Bruno war also erblich vorbelastet, einen Leistenbruch zu bekommen. Für mich als Mutter war das aber dennoch eine Herausforderung. Es wurde uns mitgeteilt, dass unser Kind möglichst bald operiert werden müsse, um den Leistenbruch zu beheben. Wir bekamen einen Termin im Kinderkrankenhaus und mussten unser Kind einige Stunden bis zur Operation nüchtern halten. Als die Ärzte endlich bereit waren, übergab ich mein kleines Würmchen dem Team im Operationssaal. Keine leichte Sache, da ich seit seiner Geburt praktisch nie von ihm getrennt war. Die Operation selbst verlief problemlos und ich war so froh, als ich mein Kind im Aufwachraum wieder sah.

Bevor wir nach Hause gehen durften, stellte der Arzt bei der Abschlussuntersuchung eine schwach ausgeprägte Motorik fest. Bruno bewegte seine Arme und Beine nach seiner Ansicht nicht aktiv genug und ich wurde mit dieser Auffälligkeit erneut zu meiner Kinderärztin geschickt. Sie schien dies dann auch zu bemerken und beratschlagte sich daraufhin am Telefon im Nebenzimmer mit einer Kollegin. Nach einem kurzen Gespräch schickte sie mich sofort wieder zurück ins Krankenhaus. Dort wurde Bruno Blut abgenommen, das umgehend zur weiteren Untersuchung in ein Labor eingeschickt wurde. Seitens der Kinderärztin und auch des Krankenhauses wirkte es, für mich, im Nachhinein gesehen, recht hektisch. Dennoch habe ich mir bei den Untersuchungen nicht viel gedacht und die Besorgnis dieses Umfeldes wohl bewusst übersehen.

Als Bruno einen Monat später einen zweiten Leistenbruch erlitt und wir erneut im Krankenhaus landeten, übten die Ärzte Druck auf das Labor aus, die Testergebnisse der Untersuchungen möglichst schnell zu erhalten.

Wir verweilten etwa zwei Tage im Krankenhaus, ohne dass Bruno operiert wurde. Das Warten ließ uns ungeduldig werden, weil wir nach wie vor noch keine ernsthaften Probleme in Betracht ziehen wollten. Ich werde nie vergessen, wie ein Arzt irgendwann auf mich zukam und sagte, dass die ersten Ergebnisse da sind und sie sind positiv, sprich: Es wurde etwas gefunden. Mein Mann war in diesem Moment bei mir und die Nachricht ließ uns unkontrolliert Tränen in die Augen steigen. Während ich bis zu diesem Moment versuchte, in meiner Blase zu verweilen und mir keine ernsthaften Sorgen zu machen, hatte Martin schon angefangen zu recherchieren, was überhaupt untersucht wurde und was ein mögliches Resultat bedeuten könnte. Ich hatte ihn noch nie so traurig und verzweifelt gesehen. Ich selbst hatte ja noch überhaupt keine Ahnung, was für ein Ergebnis auf uns zukommt. Ich war von einer Sekunde auf die andere überwältigt von Sorgen, Ängsten und Unwissenheit. Martin und ich weinten zusammen und er sagte mir nur, dass unser Wunsch und Traum von einem gesunden Kind nun vorbei war. Die Details wusste er selbst nicht. Er sagte nur, dass sich unser Leben verändern wird und wir einer Krankheit ins Auge sehen müssen, die uns sehr viel Kraft und Energie kosten wird. Seine Recherchen ließen jedoch viel Spielraum in Bezug auf unseren konkreten Fall. Das genaue Resultat erfuhren wir schließlich, als wir nach einiger Wartezeit in das Büro einer Kinderärztin gebeten wurden. Sie hatte keine leichte Aufgabe, denn das was sie uns mitteilen musste, erschütterte unser Leben von Grund auf.

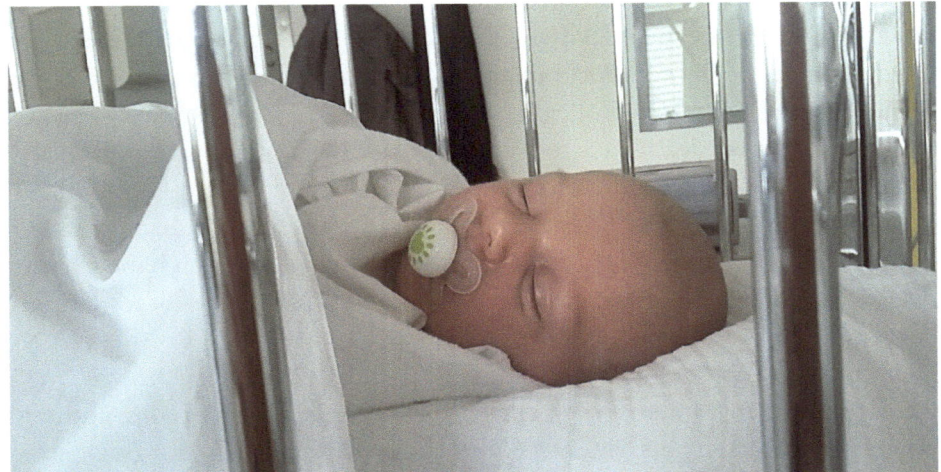

Bruno nach seiner ersten Leistenbruch-Operation

19

Der Tag der Diagnose

Die Diagnose: Spinale Muskelatrophie. Stufe 1. Eine Krankheit, von der wir noch nie gehört hatten. Viele Fragen kamen uns daher nach und nach in den Sinn und die erste war: Was genau bedeutet spinale Muskelatrophie? Es wurde uns erklärt, dass es eine genetisch vererbte Krankheit ist. Mein Mann und ich haben ein Chromosomenpaar, auf dem jeweils ein Gen zerstört ist. Auf uns selbst hat dies keine offensichtliche Auswirkung, da die gesunde Chromosomen-Hälfte mit dem vorhandenen Gen die Arbeit übernimmt. Aber wenn wir bei einem Kind jeweils genau das zerstörte Chromosom weitervererben, ist kein gesundes Chromosom vorhanden, das die nötige Arbeit übernimmt, um leben zu können. Die Nervenverbindungen zwischen Gehirn und Muskeln werden nach und nach schlechter, die Signale werden nicht mehr übertragen und man ist nicht (mehr) imstande, sich zu bewegen. Die Chance, dass genau zwei Menschen zusammenkommen, bei denen dies der Fall ist, ist nicht sehr hoch. Und die Wahrscheinlichkeit, dass in weiterer Folge ein Kind von einer solchen Kombination betroffen ist, liegt rechnerisch bei 25%. Genau dies war jedoch bei Bruno der Fall und für uns hieß das unterm Strich: Unser Kind wird sterben.

Dieser Moment ist unbeschreiblich - ich war sprachlos. Ich fühlte, wie ich den Boden unter den Füßen verlor. Wenn ich unsere Geschichte erzähle, empfinde ich diesen Moment - von der Diagnose zu erfahren - nach wie vor als den großen, einschneidenden Moment, der unser Leben veränderte. Bruno war mit uns in dem Raum und die Psychologin, die zum Gespräch dazu geholt wurde, hielt ihn im Arm. In dem Moment wurde er jedoch unruhig. Ich nahm ihn auf den Arm und erinnere mich, wie ich mit Tränen in den Augen fassungslos mein geliebtes Kind betrachtete. Meinen Sohn. Mein armer kranker Sohn, der sterben soll. Und ich habe bis dahin nichts bemerkt. Ich hätte auch nichts wahrhaben wollen.

So viele weitere Fragen gingen mir durch den Kopf, wie zum Beispiel, wie lange wird es dauern, bis er stirbt? Die Ärztin konnte keine genaue Prognose abgeben. Sie sagte nur, dass Bruno nicht Jahre, sondern nur Monate leben wird. Laut unseren Recherchen werden Kinder mit einer spinalen Muskelatrophie Typ I, wie in unserem Fall, meist nicht älter als zwei Jahre. Wir wollten auch wissen, wie der weitere Verlauf sein wird und woran Bruno konkret sterben wird. Die eingeschränkten Nervenverbindungn waren zuerst nur durch die geringe Beweglichkeit von Händen und Füßen erkennbar. Wir mussten uns jedoch darauf gefasst machen, dass irgendwann Essen schwieriger wird und letztendlich die Atmung versagt. Theoretisch konnte man sein Kind mit dieser Erkrankung künstlich noch lange am Leben erhalten, aber wir entschieden uns, noch in diesem Moment und in diesem Raum, klar gegen künstliche, lebenserhaltende Maßnahmen. Wir wollten nicht den Tag erleben, an dem wir darüber entscheiden müssen, diese lebenserhaltenden Maschinen abstellen zu müssen.

Wir waren erschüttert über die Diagnose, die wir zu verarbeiten hatten, aber wir konnten es tatsächlich annehmen und uns auf die wichtigen Dinge konzentrieren. Wir hatten zwar immer wieder Fragen, aber nur solche, auf die es auch Antworten gab. Wir spürten, dass wir uns keine unnötigen Hoffnungen machen brauchten. Unsere Frage nach Möglichkeiten, die Krankheit zu heilen, wurde mit bedauernden Blicken und Kopfschütteln beantwortet. Studien und Forschungen nach Heilungsmöglichkeiten bzw. Möglichkeiten, den Verfall zu stoppen, waren zu dieser Zeit auf Eis gelegt und es gab schlichtweg keinen Weg, unser Kind zu retten. Die Frage, warum uns und unser Kind diese Diagnose trifft, haben wir uns möglichst nicht gefragt. Aus meiner Sicht kann man eine solche Situation idealerweise nur annehmen und darauf vertrauen, dass man imstande ist, sie zu bewältigen. Als ich die Ärztin, die uns die Diagnose mitteilte, drei Jahre später zum ersten Mal nach Brunos Tod wiedersah, erzählte sie mir, wie beeindruckt sie von unserer schnellen Akzeptanz der Diagnose war. Wir selbst betrachten es als Glück, dass wir nie kämpfen mussten, sondern schnell unser Schicksal annehmen konnten und der Weg für uns klar war.

Wir hatten großes Vertrauen in die Ärzte, dass sie uns die wesentlichen Dinge ehrlich und verständlich sagen. Wir hatten das Gefühl, wenn wir wissen, was Sache ist, fällt es uns leichter, Entscheidungen zu treffen. Es beugt unqualifiziertem Halbwissen vor, das durch offene Fragen und unseriöse Quellen entsteht. Einen Tag vor der Diagnose bekamen wir zum Beispiel eine Zufallsdiagnose: Bruno hatte ein Loch im Herzen. Ich musste den ganzen Tag warten und weder ich noch Martin haben irgendein qualifiziertes medizinisches Wissen über eine solche Information. Ich wollte zwar nicht im Internet darüber nachlesen, aber ich hielt das Nicht-Wissen nicht mehr aus. Als ich nach lückenhaften Internetrecherchen und mit unqualifiziertem Halbwissen völlig verzweifelt war und nur noch heulte, fragten die Krankenschwestern endlich bei den Ärzten nach, was es mit diesem Loch im Herzen auf sich hatte. Sie beruhigten mich, dass dies absolut nichts Schlimmes sei und fürs Erste auch nichts dagegen unternommen werden muss, da sich ein solches Loch zumeist von selbst schloss. Dass mein Kind eine andere ernsthafte Krankheit hatte, erfuhr ich erst einen Tag danach.

Die Großeltern werden informiert

Nachdem wir halbwegs verstanden hatten, was durch Brunos Krankheit auf uns zukommt, bot die Ärztin an, unsere eigenen Eltern ins Krankenhaus zu holen, damit sie auch mit ihnen persönlich sprechen konnte. So mussten nicht wir deren Fragen beantworten, sondern sie konnten gleich mit der Expertin sprechen. Es waren die ersten Schritte, um die Diagnose auch unserem näheren Umfeld begreiflich zu machen. Es betraf ja nicht nur uns und unser Kind, sondern es litten viele Menschen mit uns mit.

Wir baten unsere Eltern ins Krankenhaus mit der Information, dass wir Bruno betreffend schlechte Nachrichten hatten. Bestürzt kamen meine Eltern und Schwiegereltern zu uns ins Krankenhaus und nach kurzer Zeit durften wir alle gemeinsam wieder zur Ärztin kommen. Beim bereits zweiten Gespräch an diesem Tag mit der Ärztin, als unsere Eltern nun dabei waren, hatten Martin und ich den ersten Schock bereits überstanden. Ich hielt Bruno währenddessen im Arm und fühlte mich stark genug, um für mein Kind da zu sein und ihn zu beruhigen. Ich fühlte, dass ich gedanklich schon weiter war als unsere Eltern und erinnere mich, eine für die Ärztin überraschende Frage gestellt zu haben: Ich wollte wissen, ob Bruno als Organspender in Frage kommen würde und so vielleicht einem anderen Kind das Leben retten konnte. Die Ärztin konnte mir dazu auf die Schnelle keine Antwort geben, aber nachdem sie sich informiert hatte, wussten wir, dass dies sehr kompliziert werden würde und wir genau in die Situation kommen würden, in die wir nicht kommen wollten: Bruno an eine Maschine anschließen zu müssen und ihm ein hektisches Lebensende zu bereiten. Wir haben ausführlich darüber gesprochen, aber es wurde deutlich, dass Bruno als Organspender nicht in Frage käme. Ich denke, dass ich insgeheim einen Grund für unsere Situation suchte und eine mögliche Antwort wäre für mich gewesen, einem anderen Kind das Leben zu retten. Doch dies konnten wir somit ausschließen. Die wichtigste Information, die die Ärztin Martin und mir nach diesem zweiten Gespräch mitgab, war, dass unsere Eltern für uns da waren, so wie sie auch nach dieser Nachricht sich sofort auf den Weg gemacht hatten. Der Rückhalt der Familie ist immens wichtig, auch wenn sie genauso unter der Situation litten. Nichtsdestotrotz mussten wir in erster Linie auf uns selber schauen.

Meine erste Reflexion nach der Diagnose

Nach der Diagnose blieb ich mit Bruno weiterhin im Krankenhaus, weil die zweite Leistenbruch-Operation erst erfolgen musste. Eine Krankenschwester war am Abend bei mir, um mir Zeit zum Reden zu schenken. Als ich dann ganz alleine mit meinem Kind war, habe ich mich gedanklich von den Wünschen und Träumen, die wir für Bruno für eine längerfristige Zukunft hatten, nach und nach verabschiedet. Wir fühlten uns nie schuldig oder bedauerten irgendetwas. Wir konnten ja nicht wissen, dass wir diese Krankheit in uns trugen. An dieser Stelle fragen sich manche vielleicht, ob bei den pränatalen Untersuchungen oder bei bzw. kurz nach der Geburt etwas übersehen wurde. Doch das kann ich ganz klar mit „Nein" beantworten. Jedes Kind ist anders und nur weil ein Kind ein ruhigeres Gemüt zu haben scheint und zufrieden wirkt, ist das noch lange kein Grund zur Besorgnis. Einzig eine Chorionzottenbiopsie hätte während der Schwangerschaft Aufschluss über eine solche Erkrankung geben können. Dabei wird gegen Ende des ersten Schwangerschaftstrimesters mit einer Nadel (meist durch die Bauchdecke) Gewebe von der Plazenta entnommen. Ein solcher Eingriff ist aber sehr unangenehm und solange keine Indikatoren auf genetische Erkrankungen vorhanden sind, sollte man auf diesen Eingriff und auf unnötige Komplikationen verzichten. Bei mir wurde keine Risikoschwangerschaft diagnostiziert und in unseren Familien gab es keine Krankheitsfälle oder sonstige Indikatoren, die einen solchen Eingriff gerechtfertigt hätten. Ein Blick in die Vergangenheit war an dieser Stelle sowieso nicht hilfreich, denn unsere Aufgabe war ganz klar: Bruno soll es einfach nur gut gehen. Für Bruno selbst änderte sich eigentlich nicht viel: Die Welt war für ihn so, wie sie eben war. Er kannte sie nicht anders. Er war nie imstande, sich mehr zu bewegen, geschweige denn irgendwann einmal zu stehen oder zu laufen.

Menschliche und göttliche Unterstützung

Die Ärztin, die uns die Diagnose mitgeteilt hatte, bot uns die Unterstützung des mobilen Kinderpalliativteams an. Das Grazer Team war erst zwei Jahre zuvor gegründet worden. Diese Unterstützung können Familien freiwillig und kostenlos in Anspruch nehmen. Für viele Familien wird es wohl dennoch Überwindung kosten, die Hilfe anzunehmen, weil man sich bei Palliativhilfe keine Heilung erhofft, sondern eine Verbesserung der Lebensqualität für Sterbende. Mir kommt da immer wieder das Buch bzw. der Film „Beim Leben meiner Schwester" in den Sinn. Die Mutter eines leukämiekranken Mädchens kämpft wie eine Löwin und mit allen Mitteln darum, ihre Tochter am Leben halten zu können. Im Film gibt es sogar eine Szene, in der sie im weiteren Verlauf der Krankheit die Unterstützung durch Palliativhilfe entschieden ablehnt, weil es für sie bedeuten würde, aufgeben zu müssen. Der Grat zwischen Aufgeben und Tatsachen wahrnehmen ist sehr schmal und liegt sicherlich im Auge des Betrachters. Wunder können immer wieder geschehen, aber diese können auch geschehen, obwohl man einen bevorstehenden Tod akzeptiert.

Während wir für Brunos Leistenbruch-OP noch im Krankenhaus blieben, kamen laufend Menschen vom mobilen Kinderpalliativteam zu uns ins Zimmer und stellten sich vor. Es war unglaublich, wie viele verschiedene Bereiche durch das Team abgedeckt wurden. Es gab Ärzte, Psychologen,

Krankenschwestern, eine Sozialarbeiterin, eine Seelsorgerin, usw.. Wir waren so dankbar, dass es in dem Team so viele einfühlsame Menschen gab, die bereit waren, uns auf unserem Weg zu begleiten. Wie unglaublich wertvoll die Arbeit des mobilen Kinderpalliativteams für uns war, wurde uns erst im Laufe der Zeit bewusst. Dazu aber später mehr.

Fürs Erste musste Bruno seine zweite Leistenbruch-Operation gut überstehen. Während Bruno operiert wurde, gingen Martin und ich am Krankenhausgelände spazieren. Eigentlich ziellos, aber irgendwann landeten wir in der Pfarrkirche, die sich am Gelände befindet. Ich setzte mich in die Kirchenbank und nahm eine betende Haltung ein. Martin kam besorgt zu mir und meinte, ich solle Gott nicht anklagen. Ich war überrascht über seine Aussage. Anklagen kam mir in dem Moment gar nicht in den Sinn. Ich hatte unser Schicksal angenommen. Die Hände hatte ich gefaltet und ich betete um Kraft, damit wir unsere Aufgabe gut schaffen können. Ich hatte ehrlicherweise, gerade in der Zeit, bevor Bruno zu uns kam, einige Zweifel an meinem Glauben und an Gott. Es ist schwer zu erklären warum, aber in dieser Situation fühlte ich mich in meinem Glauben stärker denn je. Mir war bewusst, dass ich nur durch Gottes Hilfe unsere Aufgabe bewältigen konnte. Er hatte uns einen wunderbaren Sohn geschickt und es wird einen Grund haben, warum er gerade zu uns gekommen war. Wir waren bereit für unsere Aufgabe und wollten alles tun, was in unserer Macht stand, um die Situation gut zu meistern und für Bruno da zu sein.

Irgendwann bekamen wir den Anruf aufs Handy, dass die Operation vorbei war und wir konnten einzeln in den Aufwachraum, um bei unserem tapferen Kind zu sein. Die kurze Zeit weg von ihm erschien wie eine Ewigkeit und ich war so erleichtert, nach der Operation wieder bei ihm zu sein. Nachdem Bruno sich erholt hatte, durften wir schließlich und endlich nach Hause.

Ich erinnere mich auch, dass ich auf der Heimfahrt zu Martin sagte: „Dieser Moment hier im Auto mit Bruno auf dem Rücksitz fühlt sich gerade seltsam normal an." Selten zuvor war nach Hause kommen so erleichternd und gleichzeitig verwirrend wie zu dieser Zeit. Ähnlich, aber doch anders, verglichen zu der Situation nach Brunos Geburt nach Hause zu kommen. Zu diesem Zeitpunkt konnten wir es kaum erwarten, nach den aufwühlenden

Tagen im Krankenhaus ein bisschen „Normalität" zu leben und so zu tun, als wäre alles in Ordnung. Die Zeit, die auf uns zukam, war so ungewiss. Wie lange wird Bruno bei uns sein? Wie wird sich seine Krankheit entwickeln? Wann wird sie offensichtlich erkennbar werden? Wie belastend wird es sein?

Ein erster Tapetenwechsel

Nachdem wir nach der zweiten Leistenbruch-Operation und der Diagnose „Spinale Muskelatrophie" aus dem Krankenhaus gekommen waren, entschieden wir uns: Wir brauchen möglichst bald eine kurze Auszeit. Nicht voneinander, sondern von unserer neuen Aufgabe und vom Alltag. Etwa zwei Wochen nach der Diagnose verbrachten wir ein paar Tage am Weißensee in Kärnten. Unser Denken und Verhalten hatte sich verändert, aber bei dem Wochenende am Weissensee wurde uns bewusst, dass Außenstehende uns als eine ganz normale junge Familie mit Baby sahen und wir so tun konnten, als wäre alles in Ordnung. Wir genossen diese Zeit als glückliche Familie sehr. Ich spürte, was für starke Kraftquellen solche Ausflüge für uns waren. Martin und ich sind in der Vergangenheit immer gerne gemeinsam unterwegs gewesen und wir wollten Bruno an dieser Lebenswelt von Anfang an teilhaben lassen. In Kärnten verbrachten wir viel Zeit im Freien, beim Spazieren und am See. Wir haben Bruno sogar auf eine Almhütte auf einem Berg getragen. Gutes Essen, Natur genießen und Zeit als Familie verbringen - dies erlebten wir zum Glück auch in den darauffolgenden Wochen und Monaten noch öfters.

Kurzurlaub am Weissensee in Kärnten

Die Herausforderungen unseres Umfeldes

Wir erlebten in dieser Zeit sehr oft und sehr klar, wie verschieden die Charaktere von Martin und mir sind. Unsere Ansichten sind auch oft völlig unterschiedlich, oder wie wir mit anderen Menschen umgehen. Umso mehr war es ein bisschen verwunderlich, dass wir bei all den wichtigen Entscheidungen, die Bruno betrafen, uns immer einig waren. Für uns beide war eindeutig: Unser Leben ist nicht vorbei. Unser Leben geht weiter, auch wenn das von unserem Kind hier auf Erden in absehbarer Zeit enden wird.

Klassentreffen

Fünf Tage, nachdem wir die Diagnose bekommen hatten, hatte ich mein 10-jähriges Matura-Klassentreffen. Mit unserer lebensbejahenden Entscheidung war mir klar, dass ich trotz allem hingehen wollte. Ich entschied mich, das Treffen zu nutzen, um kurze Zeit so zu tun, als wäre alles in Ordnung. Martin hielt sich gemeinsam mit seiner Schwester und Bruno in der Nähe auf, da ich mich nicht zu weit von Bruno entfernen wollte, aber ihn gleichzeitig auf keinen Fall zum Treffen mitnehmen wollte. Ich war absolut nicht in der Lage, irgendwelche unangenehmen Fragen betreffend Bruno zu beantworten. Außerdem hätte ich durch das Erzählen unserer Situation wohl die nette, unbefangene Atmosphäre des Wiedersehens meiner ehemaligen Schulkolleginnen zerstört, auf die ich mich schon so gefreut hatte. Es war für mich eine willkommene Abwechslung zu dem Zeitpunkt, einmal über andere Themen als ein todkrankes Kind reden zu können. Ich merkte, dass ich von der Diagnose mental noch unter Schock stand und es mich Überwindung kostete, meine ehemaligen Klassenkameradinnen mit (gesunden) Babys zu sehen, aber es war sozusagen meine Feuertaufe. Wenn ich mich nicht von jeglichen sozialen Umfeldern ausschließen und nur noch im Haus einsperren wollte, würde ich immer wieder auf kleine Kinder treffen. Ich wollte mich dem stellen und es hat funktioniert. In diesem Moment sicherlich auch deshalb, weil ich auf Fragen, die Bruno betrafen, nur oberflächlich antwortete und unsere Situation mit der Diagnose bewusst verschwieg. Ich entschied mich lieber dazu, in diesem Moment die Erinnerungen an alte Zeiten aufleben zu lassen und mich durch positive Gespräche zu stärken. Das war aber selbstverständlich keine Dauerlösung. Ich kontaktierte vereinzelt ehemalige Schulkolleginnen von diesem Treffen im Nachhinein, um ihnen von unserer Situation ehrlich zu erzählen. All die Menschen, die uns kannten, würden ohnehin früher oder später mitbekommen, was los ist. Betroffenheit und Sprachlosigkeit waren bei solchen Konfrontationen das häufigste Ergebnis.

Eine Novene für Bruno

Eine Freundin kam kurze Zeit nach der Diagnose einmal spontan als im etwa 7. Monat Schwangere mit ihren beiden Söhnen bei uns auf Besuch vorbei, um Bruno kennenzulernen. Ich freute mich, sie nach langer Zeit wieder mal zu sehen und in Ruhe plaudern zu können. Von der Krankheit wollte ich bei dem kurzen Spontanbesuch noch nichts erzählen. Zu sehr genoss ich ihre Gesellschaft und eine ungezwungene Plauderei. Am Abend erzählte ich Martin von dem Besuch, denn sie ist grundsätzlich eine langjährige Bekannte von ihm. Er rief sie dann gleich an, um sie nicht im Ungewissen stehen zu lassen und ihr von der Diagnose zu erzählen. Es wäre uns unangenehm gewesen, wenn sie nach dem Besuch von anderen über Brunos Krankheit informiert worden wäre. Sie ist eine herzensgute Person und fühlte sich angesichts dieser Nachricht so hilflos und überlegte fieberhaft, was sie für uns tun könnte. Einige Tage später rief sie mich wieder an. Für sie ist ihr christlicher Glaube ein wichtiger Teil ihres Lebens und sie hat sich mit einer gleichgesinnten Freundin in Verbindung gesetzt, um eine Novene für unsere Familie zu organisieren. Eine Novene ist eine Gebetsform der katholischen Kirche zur Fürbitte oder um von Gott besondere Gnadengaben zu erflehen. Dabei werden bestimmte Gebete für neun aufeinanderfolgende Tage formuliert. Unsere Freundin sowie die Organisatorin, die die Novene für uns formuliert hat, haben viele Leute aus ihrem Umfeld angesprochen und eine Teilnahme am Gebet erbeten. Ein paar davon kannten uns noch aus unserer aktiven Landjugend-Zeit, aber sehr viele kannten uns gar nicht.

Im Gebet wurde ein Wunder zur Genesung von Bruno erfleht und so hätten wir es persönlich wohl nie formuliert. Wir hatten die Diagnose angenommen, wollten das Beste daraus machen und wünschten uns nur genug Stärke dafür. Ja, eine Genesung von der Krankheit wäre ein unglaubliches Wunder gewesen, doch Martin und ich hatten die Situation als Tatsache und unsere Aufgabe akzeptiert. Und die Aufgabe richtete sich darauf, das kurze Leben von Bruno möglichst schön zu gestalten. Er war nie gesund, sondern hatte von Beginn an diesen Defekt, der sich nicht in Luft auflösen konnte. Die Anteilnahme von so vielen Außenstehenden fand ich jedoch sehr rührend und es war wohl auch eine Hilfe für unsere Freundin in ihrer persönlichen Hilflosigkeit. Das speziell für uns und Bruno formulierte Gebet lautete folgendermaßen:

Der kleine Bruno, der erst 3 Monate alt ist, leidet an einer (medizinisch gesehen) unheilbaren Krankheit, die in den ersten 2 Lebensjahren zum Tod führen wird. Wir wissen: Was für den Menschen unmöglich erscheint, ist für Gott möglich. Jesus sagt: Bittet, dann wird euch gegeben. Klopft an, dann wird euch geöffnet. Im Vertrauen auf Gottes Güte und Barmherzigkeit bitten wir um Heilung für dieses Baby und um Kraft, Hoffnung und einen starken Glauben für die Eltern Martina und Martin. Wir beten um ein Wunder, aber auch um die Gnade, uns dem Willen Gottes zu beugen. Wenden wir uns vertrauensvoll an Maria, unsere Mutter, und bitten auch sie um Fürsprache. Dazu beten wir eine Novene von 7. August bis 15. August (Maria Himmelfahrt).

Gebet:
Guter Gott, du Vater des Lebens, wir danken dir für unser Leben, besonders für das Leben des kleinen Bruno. Voll Vertrauen legen wir dir dieses Kind ans Herz: Du weißt um die heimtückische unheilbare Krankheit - wir bitten dich nach deinem Willen um Heilung für Bruno. Gieße deinen lebensspendenden Heiligen Geist aus und zieh ihn ganz nah an dein Herz. Führe und lenke du alle Entscheidungen und Eingriffe der behandelnden Ärzte.
Segne die ganze Familie und halte schützend deine Hand über sie.
Jesus, wir vertrauen dir.

Gebet:
Unter deinem Schutz und Schirm flehen wir, o Heilige Gottesmutter.
Verschmähe nicht unser Gebet in unseren Nöten, sondern errette uns jederzeit aus allen

Gefahren.
O du glorwürdige und gebenedeite Jungfrau.
Unsere Frau, unsere Mittlerin, unsere Fürsprecherin.
Führe uns zu deinem Sohn,
empfehle uns deinem Sohn,
stelle uns vor, deinem Sohn.

Maria, du Königin der Familien, bitte für ihn.
Heiliger Josef, bitte für ihn.
Heilige Gianna Beretta Molla, bitte für ihn.
Heiliger Bruno, bitte für ihn.
All ihr Engel und Heiligen Gottes, bittet für ihn.

Hilflosigkeit der Großeltern

Unser Umfeld und die Familie hatten mit unserer Situation oft viel mehr Schwierigkeiten, weil sie sich, im Vergleich zu uns, noch viel hilfloser fühlten. Wir haben natürlich mitbekommen, dass sich Verwandte und Freunde viele Meinungen Außenstehender anhören mussten, die sich oft nicht trauten, direkt zu uns zu kommen oder uns persönlich nicht so gut kannten. Ein großer Ballast! Manche schwiegen Martin und mir gegenüber und trauten sich gar nicht, uns anzusprechen, was ich als schmerzlich empfand. Man fühlt sich ausgeschlossen. Doch wir hatten die Diagnose akzeptiert, konnten normal darüber reden und unser Fokus war ganz klar: Wir richteten uns die folgenden Monate bis zum Tod unseres Kindes so ein, wie es uns gut tat und wir eine schöne Zeit verbringen konnten.

Von unseren Eltern, Brunos Großeltern, bekam ich jedoch immer wieder mal Anrufe, die zwischen Verzweiflung und unnötiger Hoffnung schwebten. Sie bekamen auch von ihren Nachbarn und Freunden Druck zu spüren, weil niemand sich in unsere Lage versetzen konnte, geschweige denn wusste, was sie tun könnten. Daraus erfolgten hin und wieder unangenehme Situationen. Mir wurden Zeitungsartikel von irgendwelchen unzureichend getesteten Wunder-Medikamenten aus Übersee vorgelegt, die vielleicht oder vielleicht auch nicht etwas bewirken könnten. Oder ich bekam eine Empfehlung für einen ganzheitlich arbeitenden Arzt, der sehr großes Ansehen genoss und uns vielleicht irgendwie helfen könnte. Ich konnte aber nicht nachvollziehen, was ich ihn fragen und wobei er uns helfen solle. Wir hatten unser Schicksal ja akzeptiert.

All diese gut gemeinten Ratschläge sollten uns in unserer Situation unnötige Hoffnungsschimmer bereiten, aber in weiterer Folge hat es uns nur wertvolle Energie gekostet, die für uns besser in einen Tapetenwechsel investiert waren. Ich bin sicher, dass es Familien, Schicksale und Situationen gibt, in denen solche gut gemeinten Ratschläge etwas bringen können, doch für uns nicht. Unsere Prioritäten hatten sich verschoben und wir fokussierten uns auf die Lebensqualität als Familie zu dritt.

Es mag vielleicht egoistisch erscheinen, dass wir die erweiterte Familie nicht viel intensiver in unser Leben mit Bruno eingebunden haben, aber für uns war dies eine kurze Chance von Familienglück mit unserem Kind. Wenn wir einen größeren Fokus auf die Bedürfnisse, Wünsche und Sorgen der Großeltern, Onkeln, Tanten und aller weiteren Verwandten gelegt hätten, hätte uns dies viel Zeit und Energie gekostet. Wir hatten begriffen, dass Zeit und Energie für uns und Bruno sehr wohl unglaublich wertvoll wie auch begrenzt war. Uns war bewusst, dass wir mit unseren Entscheidungen manche Menschen, die uns nahe stehen, in ihren Bedürfnissen vor den Kopf stoßen mussten. Sie haben alle sehr viel Mitgefühl gezeigt und unter der Situation genauso gelitten. Uns war aber gleichzeitig klar, dass wir ihnen nicht helfen konnten, ohne einen Kompromiss mit unseren eigenen Interessen und Wünschen einzugehen. Eine wesentliche Erkenntnis, die ich in dieser Zeit erlangte, war, dass ich mich von den Meinungen anderer Menschen weniger beeinflussen lassen durfte, um stark zu bleiben. Ich durfte und musste einfach gerade in dieser/unserer Situation auf mein Gefühl hören und mich nicht von Außenstehenden verunsichern lassen. Niemand konnte wirklich genau nachempfinden, was unsere Situation bedeutete.

Die Wahrheit ist, dass aus meiner Sicht auch das nähere Umfeld in einer solchen Situation Hilfe braucht. Sich selbst einzugestehen, dass man Hilfe braucht, ist jedoch kein leichter Schritt. Martin und ich haben sofort die Hilfsangebote, in erster Linie vom mobilen Kinderpalliativteam, angenommen. Doch Menschen, die quasi indirekt betroffen sind, müssen sich dies erst eingestehen und dann meist bewusst Hilfe suchen. Man kann diese niemandem aufzwingen. Auch uns konnte die Hilfe niemand aufzwingen.

Hospizbegleiterin

Als ich mit Bruno und Martin einmal kurz bei jemandem aus unserem Umfeld zu Besuch war, kam für uns unerwartet eine Hospizbegleiterin dazu. Menschen, die sich für solch einen Dienst zur Verfügung stellen, sind Goldes wert. Sie begleiten nicht nur den Kranken, sondern konzentrieren sich auch auf die An- und Zugehörigen eines Kranken, wenn keine Heilungschancen mehr in Aussicht stehen. Der Termin wurde anscheinend ausgemacht, aber uns wurde vorher nichts davon gesagt. Ich kann gar nicht in Worte fassen, wie unangenehm es für mich war, in diesem Raum zu sitzen und mir anzuhören, wie sehr die Person, die die Hospizbegleiterin eingeladen hatte, unter der Situation mit Bruno litt und unter Tränen ihr Leid und ihre Hilflosigkeit schilderte. Ich fand es gut, dass sich die einen oder anderen Leute aus unserem Umfeld Hilfe holten, um mit der Situation fertig zu werden. Es war einfach nur extrem ungeschickt, dass ich bzw. wir unfreiwillig und unvorbereitet mit hineingezogen und ungefragt überrumpelt wurden. Ich blieb an dem Punkt egoistisch. Wahrscheinlich hätte die hilfesuchende Person es gerne erlebt, dass sie mit mir gemeinsam traurig sein konnte, aber ich empfand es als unpassend und unangenehm. Als die Person kurz den Raum verließ, fragte die Hospizbetreuerin, wie es mir geht, und ich antwortete wahrheitsgemäß: „Gut." Ich wollte mich auf gar keinen Fall als trauernde Mutter präsentieren, wenn ich noch nicht bereit war zu trauern und ich wollte auch nicht genötigt werden, von etwaigen Schwierigkeiten zu erzählen, wenn ich (vor allem in diesem Moment) kein Bedürfnis danach hatte. Ich konzentrierte mich auf andere Aufgaben und fand selbstständig Hilfe und Ventile, um mit der Situation umzugehen. Wir beendeten den Besuch damals möglichst rasch und machten uns auf den Weg nach Hause. Zum Glück blieb es bei dieser einmaligen Situation und möglicherweise war es auch nur Zufall, dass unser Besuch mit dem Besuch der Hospizbegleiterin zusammenfiel.

Nichtsdestotrotz nahmen auch Martin und ich für uns ehrenamtliche Unterstützung von einer (anderen) Hospizbegleiterin in Anspruch. Hospizbegleiter/innen sind nach den Richtlinien des Dachverbandes Hospiz Österreich ausgebildet und werden von einer Koordinatorin, die in unserem Fall beim mobilen Kinderpalliativteam arbeitete, ausgewählt und zugeteilt. Unsere Hospizbegleiterin besuchte uns immer wieder zuhause und in erster Linie sprach ich mit ihr über alles, was mir Schwierigkeiten bereitete. Es half sehr, mir die Probleme von der Seele zu reden und auf eine verständnisvolle Haltung zu treffen. Sie bot aber auch an, bei schwierigen Themen zwischen uns und unserem Umfeld zu vermitteln. Möglicherweise hat auch die Hospizbegleiterin vom vorhin geschilderten Erlebnis so etwas in der Art angeboten, aber das sollte mit den Beteiligten vorher abgesprochen werden und nicht ungefragt passieren.

Als ich der Ärztin vom Kinderpalliativteam immer wieder meinen Dank für all die Unterstützung aussprach, die wir bekamen, antwortete sie auch ein paar Mal, dass wir uns zum Glück helfen ließen. Eine Diagnose mit einem Todesurteil für das eigene Kind anzunehmen, ist so herzzerreißend, dass es viele am Anfang ganz sicher nicht wahrhaben wollen. Wenn man dann auch noch Palliativ-Hilfe in Anspruch nimmt, mag es vielleicht den Anschein haben, dass man aufgegeben hat. Genau an dem Punkt frage ich mich immer wieder, wo die Grenze verläuft zwischen Akzeptieren und Aufgeben. Ich fing an, mich in Gedanken verstärkt mit dem Sinn des Lebens zu befassen. In Anbetracht von Brunos Leben war für mich auf einmal eines ganz klar: Der Sinn eines Lebens hängt nicht vom Zeitraum ab, sondern von der Qualität und der Fülle an Liebe.

Brunos Taufe

Noch bevor wir von Brunos Diagnose erfuhren, hatten wir schon seine Taufe für Juni fixiert. Natürlich war uns beim Fixieren des Termins noch nicht bewusst, wie viel Potenzial für eine riesige Tonne an Emotionen in diesem Tag steckte. Wir hatten lange vor Brunos Geburt Martins Schwester gefragt, ob sie die Taufpatin unseres Kindes sein möchte. Sie freute sich sehr darüber und war sofort bereit, die Aufgabe zu übernehmen. Nachdem wir Brunos Diagnose bekommen hatten, telefonierten wir mit ihr, erzählten von Brunos Krankheit und boten ihr an, auf das Patenamt zu verzichten, wenn es für sie eine zu große Belastung darstellen würde. Aber sie hatte keinerlei Zweifel daran, das Patenamt für Bruno trotz allem anzunehmen und sie war im Laufe der Zeit stets für Bruno und uns da.

Eine weitere Herausforderung war das Taufgespräch mit dem Pfarrer. Unser Pfarrer ist sehr nett und hat viel Erfahrung, aber für das Taufgespräch waren wir doch unsicher, wie er auf unsere Situation reagiert. Als Pfarrer hat man zwar genügend traurige Anlässe zu begleiten, aber es ist sicher keine Alltagssituation, wenn man ein unbefangenes, freudiges Taufgespräch erwartet und die Eltern eine Bombe platzen lassen, über den kritischen Gesundheitszustand des Kindes. Es war für uns als Eltern jedoch beeindruckend, wie gut der Pfarrer auf uns reagierte und welch tröstende und aufbauende Worte er spontan für uns gefunden hatte. Unter dem Aspekt, ein sterbendes Kind taufen zu lassen, verändert sich bei der Vorbereitung so einiges. Bezüglich musikalischer Gestaltung, zum Beispiel, wollten wir im Vorhinein gut abklären, ob den Musikern (vor allem, wenn es nahe stehende Freunde und Verwandte sind) die emotionale Ladung nicht zu viel wird, die sie da erwartet. Ich habe mir für diesen Tag wirklich sehr viele Gedanken gemacht, um möglichst wenig dem Zufall zu überlassen. Mein Ziel war in erster Linie, dass es eine schöne Feier für Bruno wird. Es gab nur diese eine wunderschöne Feier in seinem Leben, bei der mehrere Menschen zusammen kamen und er im Mittelpunkt stand. Wir wussten, dass er möglicherweise nie seinen Geburtstag feiern würde und deshalb machte ich mir so viele Gedanken. Ich wollte keinesfalls, dass seine Tauffeier schon zu einer

Trauerfeier wird. Dieser Wunsch war natürlich eine echte Herausforderung und die Gäste konnten diesen Wunsch leider nicht alle ganz erfüllen. Wenn jemand Tränen vergießen musste, versuchte ich mich einfach abzuwenden und meine Aufmerksamkeit auf Bruno zu richten - mein Antrieb und meine Kraftquelle an diesem Tag.

Für den Anlass nähte ich aus einem Seidenstoff eine Krawatte für Martin, ein Tuch für mich und eine kleine Krawatte für Bruno, um optisch ein schön zusammenpassendes Familienbild abzugeben. Ich gestaltete auch Brunos Taufkerze. Ich verzierte sie mit einem Regenbogenstreifen sowie mit einem silbernen Kreuz, einer weißen Taube, seinem Namen und dem Datum der Taufe.

Die Musik war wunderschön und die Musiker verrieten mir im Nachhinein, dass sie eine eigene Taktik hatten, um gefasst zu bleiben: Sie versuchten, die Lieder nicht zu getragen zu singen, sondern ein eher etwas schnelleres Tempo einzuschlagen. Die Fotografin wurde von Brunos Taufpatin organisiert und ist eine gute Freundin von ihr. Da ich mittlerweile auch Fotografin bin, verbindet uns durch die gemeinsame Tätigkeit in der Zwischenzeit ebenfalls eine Freundschaft. An diesem Tag hat sie so viele wertvolle Momente perfekt festgehalten und mit den Fotos unbezahlbare Erinnerungen geschaffen. Sie war während der Tauffeier sehr feinfühlig und blieb auch im Anschluss stets gut gelaunt, selbst wenn Bruno bei den Gruppen- und Familienfotos unruhig wurde und es ein bisschen Zeit brauchte, um ihn in allen gewünschten Gruppenformationen abzufotografieren. Es lohnte sich auf jeden Fall, denn die tollen Bilder von ihr, die wir im Nachhinein all unseren Lieben schenkten, verbreiteten sehr viel Freude. Für das gemeinsame Essen nach der Taufe hatten wir im Restaurant verschiedene schöne Fotos von Bruno von den vorangegangenen Monaten ausarbeiten lassen und als Deko auf dem Tisch verteilt. Unsere Gäste durften die Bilder, die ihnen am besten gefielen, als Erinnerung mit nach Hause nehmen. Die Omas von Bruno tobten sich beim Backen aus und so gab es Kuchen und eine Tauftorte zum Abschluss des Tages.

Bevor alle wieder nach Hause fuhren, brachte uns mein Bruder noch einen Apfelbaum für unseren Garten als Geschenk nach Hause. Wir pflanzten ihn an und er ist bis heute ein lebendes und stetig wachsendes Erinnerungsstück an den Tag der Taufe unseres Sohnes.

Ich habe mir an diesem Tag in jeder Sekunde vor Augen gehalten, dass dies Brunos Tag ist und er so schön und feierlich wie nur möglich sein soll. Immer, wenn ich den Tränen nahe kam, schaute ich intensiv mein Kind an und alles war wieder gut und ich blieb ruhig. Den traurigen Hintergrund ließ ich erst dann überhand nehmen, als die Feier vorbei war und wir - Martin, Bruno und ich - am späten Nachmittag wieder alleine daheim waren. Ich wollte den ganzen Tag über nicht weinen, weil es mir wichtiger war, Bruno einen schönen Tag zu bereiten. Wenn ich geheult hätte, hätten wohl noch mehr geheult, als es ohnehin schon der Fall war. Mir war sehr wohl bewusst, dass es für die anderen, vor allem für die Menschen in unseren Familien, sehr schwer war, gefasst zu bleiben. Ich wollte mich an diesem Tag jedoch nicht mit den Befindlichkeiten anderer befassen. Bruno war oft genug mit traurigen Momenten konfrontiert (Tag der Diagnose, jede Begegnung, bei der ich Menschen von seiner Krankheit erzählte, ...). Ich entschied mich jedoch bewusst dagegen, die kurze Zeit, die Bruno bei uns hatte, nur mit traurigen menschlichen Begegnungen zu füllen. Die Zeit, die er bei uns hatte, und vor allem den Tag seiner Taufe, sollte er - und wollten wir - als schön in Erinnerung behalten.

Brunos Taufe in der Pfarrkirche Premstätten (© Nicole Seiser, nixxipixx.com)

Familienfoto beim anschließenden Feiern im Gasthaus
(© Nicole Seiser, nixxipixx.com)

Foto Mitte:
Bruno mit seiner
Taufpatin
(© Nicole Seiser,
nixxipixx.com)

Foto rechts:
Brunos Taufkerze
(© Nicole Seiser,
nixxipixx.com)

Foto unten:
Gemeinsam feiern
bis 2 Uhr
morgens bei der
Hochzeitsfeier
von Verwandten

Wer tröstet wen?

Anfang August waren wir bei einer Hochzeit von Martins Cousin eingeladen. Sehr viele wussten zu dem Zeitpunkt natürlich bereits von Brunos Krankheit, aber wir haben uns an dem Tag einfach nur über die Liebe und das Leben freuen wollen und feierten einen großteils wunderschönen Tag mit Familie und Freunden. Warum großteils? Vereinzelt wussten Leute noch nicht über die Krankheit Bescheid. Wir wollten es an diesem Tag bewusst nicht an die große Glocke hängen, aber als am Abend eine Freundin völlig aufgelöst auf mich zukam, weil ihr gerade jemand von Brunos Krankheit erzählt hatte, wechselte ich meine Rolle von unbeschwert feiernder Gast wieder zu Trösterin von Menschen, die sich betroffen fühlten.

Diese Momente erlebte ich allgemein sehr häufig. Deswegen hatte ich kein Interesse, unsere Situation anderen Leuten ständig unter die Nase zu reiben. Ich war und bin immer bereit, darüber zu sprechen, wenn es sich im Gespräch gut ergibt. Aber wenn Menschen unvorbereitet von Brunos Krankheit erfuhren oder jemand unsere Situation extra dramatisch erzählte, schlüpfte ich ständig unfreiwillig in die Rolle der tröstenden Person. Für die meisten Menschen ist diese Situation, in die wir gekommen sind, unfassbar und überwältigend. Logisch - es geht gegen die Natur, wenn man das eigene Kind überlebt. Wir hingegen waren gedanklich natürlich ständig damit konfrontiert und hatten es für unser Leben, soweit es zu der Zeit möglich war, akzeptiert. Deshalb hatte ich immer das Gefühl, andere trösten zu müssen für etwas, das in erster Linie mich, meinen Mann und mein Kind betraf. Kein Mensch kann etwas dafür, wenn er sich hilflos und fassungslos fühlt, aber ich persönlich fühlte mich dadurch gerade bei dieser Hochzeit, wo ich einfach einen schönen Tag genießen wollte, genervt.

Ich versuchte, diese Situation möglichst schnell zu überstehen und trotzdem den Rest des Abends zu genießen. Zum Glück erlebten wir noch etwas Wunderbares: Wir waren relativ lange bei der Hochzeitsfeier und kamen erst gegen 2 Uhr in der Früh ins Bett. Bruno war am Heimweg eingeschlafen, aber beim zu Bett Gehen nochmal wach. Er schaute aufgeregt im Zimmer um sich und plauderte fast eine halbe Stunde vor sich hin. Für Martin und mich schien es, als ob er uns erzählte, was er an dem Tag alles erlebt hatte. Er wirkte richtig gesprächig, auch wenn wir nichts verstanden. Möglicherweise verarbeitete er den aufregenden Tag und wir waren einfach entzückt, ihn so lebendig zu sehen. Als er fertig geplaudert hatte, schlief er zufrieden ein. Dieser Moment hat sich ganz fest in unsere Seele eingebrannt und wenn Martin und ich uns daran zurückerinnern, können wir nicht anders als zu lächeln.

Je nachdem, wem und wie ich jemandem von Brunos Krankheit erzählte, wurde ich, anders als durch meine bewusste Entscheidung bei der Hochzeit, manchmal natürlich auch emotional. Und wenn ich Bruno dabei gerade auf dem Arm hatte, wurde er immer unruhig. Bruno war unglaublich feinfühlig und er spürte genau, wenn ich mich aufregte. Emotionen sind ganz normal und natürlich, und ich persönlich bin ein sehr emotionaler Charakter. Trotzdem habe ich die bewusste Entscheidung getroffen, dass mich Bruno nicht als ständig traurige Mama erleben sollte, sondern als Mama, die sich freut, einen so lieben Sohn zu haben, der von seinen Eltern über alles geliebt wird.

Ich erinnere mich auch daran, dass ich im Gespräch einmal zu einer Tante sagte, dass keiner mit Sicherheit weiß, was Bruno eigentlich will. Will er kämpfen? Oder will er die Zeit mit uns genießen und seinem Lebensende glücklich entgegensehen? Er hatte einen freien Willen wie jeder andere Mensch auch und wir wollten uns nicht gegen diesen auflehnen. Ein großer Trost für uns war, dass die Ärzte uns sagten, dass Bruno keine Einschränkungen empfand. Er kannte das Leben nur auf seine Art - so wie es eben war. Genau darin wollten wir ihn bestärken. Die Vorstellung machte mich traurig, dass er älter geworden wäre und irgendwann mitbekommen hätte, dass sein Leben sehr viel eingeschränkter und kürzer ist als das von anderen Kindern. Darum war ich froh und dankbar, dass wir mit Bruno das Leben einfach nur genießen durften, so wie es für ihn eben möglich war.

Die ersten Auswirkungen der Krankheit

Das erste (zumindest für uns als Laien) offensichtliche Anzeichen von Brunos Krankheit war seine Bewegungsunfähigkeit. Gesunde Babys lernen normalerweise Schritt für Schritt ihren Körper besser zu beherrschen und eine immer stärkere Körperspannung zu entwickeln, doch bei Bruno stoppte dies sehr bald. Er konnte sich nach und nach immer weniger bewegen, war aber von seiner Größe aus betrachtet immer sehr lang. Wir mussten seinen Körper und vor allem seinen Kopf ständig stützen und halten. Die Haltung war insofern auch schwieriger als gedacht, als ich Schmerzen im Handgelenk bekam. Ein Arzt diagnostizierte bei mir ein Karpaltunnel Syndrom. Ich trug daher nachts an beiden Handgelenken Schienen, um den Schmerz wieder in den Griff zu bekommen.

Um nicht hilflos zusehen zu müssen, wie Bruno immer bewegungsunfähiger wurde, wurde für uns eine Physiotherapie mit finanzieller Unterstützung genehmigt. Durch die Therapie konnte ich gezielt mit seinem Körper, besonders seinen Armen und Beinen, arbeiten, damit er seine Fähigkeiten möglichst lange behalten konnte. Einen kleinen Erfolg sah ich hier auf jeden Fall - zum Beispiel bei seinen Fingern. Obwohl er Arme und Beine so gut wie gar nicht bewegte, konnte er zumindest noch mit den Fingern Gegenstände ganz leicht umgreifen. Außerdem machte mich die Therapeutin darauf aufmerksam, dass Bruno sehr viel auf dem Rücken lag. Sie zeigte mir, dass ich mein Kind öfters seitlich lagern sollte, damit sein Hinterkopf nicht zu flach wird. Bei beweglicheren Kindern und durch den Einsatz von Tragetüchern kann ein solches Problem leichter umgangen werden, aber Bruno benötigte dazu andere Unterstützung. Die Therapie tat ihm und mir auf jeden Fall sehr gut und ich lernte zudem auch ein paar Babymassage-Griffe. Seine Therapie hatte nicht das Ziel, ihn zu heilen, sondern mit ihm aktiv etwas zu tun, das sein Wohlbefinden erhöhte und wodurch wir uns gemeinsam um seine Stärken bemühen konnten.

Ausgerüstet für weitere Ausflüge

Ein für mich erschreckender und gleichzeitig lehrreicher Augenblick war, als ich Bruno in einem Bett hinsetzte und mit aufrechtem Oberkörper am Kopfende anlehnte. Ich sah kurz in die andere Richtung und hörte auf einmal ein seltsames, leises, „wischendes" Geräusch. Als ich mich umdrehte, sah ich, dass Bruno ohne jeglichen Widerstand einfach zur Seite sackte. Da ich ihn am Kopfende angelehnt hatte, rutschte er nur ganz langsam zur Seite und dadurch entstand dieses „Wisch"-Geräusch. Durch die fehlende Körperspannung konnte er sich einfach nicht halten. Ich fing ihn auf, bevor er ganz umgefallen wäre und hielt ihn daraufhin ganz lange und fest im Arm. Dabei sagte ich ihm, dass ich nun deutlicher verstehe, was er braucht. Ich versprach ihm, gut auf ihn Acht zu geben und ihn von nun an immer wohl behütet durchs Leben zu tragen.

So gern ich Bruno im Arm hielt, war klar, dass wir immer öfter den Kinderwagen brauchen werden, wenn wir weiterhin Ausflüge machen wollten. Tragetuch kam leider gar nicht in Frage. Ich habe es ganz am Anfang kurz verwendet, aber je größer Bruno wurde, desto schwieriger war es, weil ihm die nötige Körperspannung fehlte, um sich in einem Tragetuch gut tragen zu lassen. Er sackte immer völlig zusammen und ich hatte keine Chance, ihn gut genug zu stabilisieren.

Vor Brunos Geburt hatten wir einen alten, gebrauchten, aber gut erhaltenen Kinderwagen geschenkt bekommen. Die Lenkung war jedoch etwas sperrig und für Martins Wunsch, Bruno bei seinen Lauftrainings mitzunehmen, leider nicht brauchbar. Wir haben nicht bewusst gesucht, aber nachdem wir bereits wussten, welche Ansprüche ein Kinderwagen für unsere Verhältnisse erfüllen sollte, haben wir spontan einen gekauft. Er ließ sich ganz flach stellen (was für Brunos Atmung wichtig war), einfach zusammenklappen und war ein wesentlich sportlicheres Modell als unser bisheriger Kinderwagen. Wir haben den alten Kinderwagen an eine bedürftige Familie verschenkt und uns selbst mit dem neuen Kinderwagen ein Stück mehr Lebensqualität mit Bruno geschenkt. Wir hatten gerade in der Situation mit Bruno keine

Lust auf extravaganten Luxus, sondern mehr Bedürfnis nach Dingen, die wichtig sind: möglichst viel glückliche Zeit für- und miteinander.

Mit neuem Kinderwagen auf die Alm

Mitte August verbrachten wir ein verlängertes Wochenende in Gosau. Wir wollten Energie tanken in der Natur und in den Bergen. Hier machte sich unser neuer Kinderwagen bereits absolut bezahlt. Wir konnten Bruno im Kinderwagen in einer Gondel direkt auf eine Alm transportieren und dort gemeinsam ein bisschen wandern. Nachdem wir ausreichend Bergluft geschnuppert hatten, brachte uns die Gondel wieder sicher hinab und wir gingen vom Vorderen Gosausee zurück zum Hinteren Gosausee. Martin nutzte die Zeit für ein kleines Lauftraining, während ich mit Bruno im Kinderwagen gemütlich dahin flanierte. Bruno war ganz ruhig und nach einiger Zeit machte ich mir Sorgen, klappte das Dach vom Kinderwagen nach vorne und schaute einmal von oben hinunter in den Kinderwagen, ob alles in Ordnung mit ihm war. Dabei sah ich, dass sich ein entzückendes Lächeln über sein Gesicht ausbreitete und mich seine großen, neugierigen Augen anschauten. Er war einfach so begeistert und damit beschäftigt, all die Eindrücke aufzusaugen, die uns umgaben - die Bäume, die Vögel, den See, den Himmel... In dem Moment war mir wieder bewusst, wie viel wir von unserem Kind lernen können und wie wenig es braucht, um glücklich zu sein.

Auf zum Plattensee!

Dieser Ausflug blieb bei weitem nicht der letzte, denn wir wollten Bruno - und uns - noch viele weitere glückliche Momente schenken. Einige Tage später verstauten wir den Kinderwagen bereits erneut im Auto, um mit Bruno ein paar Tage am Plattensee in Ungarn zu verbringen. Wir erlebten dort eine sehr entspannte Zeit. In einer nahe gelegenen Therme sind wir mit Bruno auch zum ersten Mal im Wasser geschwommen. Er war nur mit einer Schwimmwindel bekleidet. Im Vergleich zu anderen Kindern bemerkte ich, wie lang, blass und dünn unser Kind war. Doch ich wollte mich nicht mit Sorgen beschäftigen, da uns ja bewusst war, dass unser Sohn nicht wie andere Kinder war. Wir freuten uns, Bruno ein weiteres schönes Erlebnis zu ermöglichen.

Im Wasser musste ich Bruno natürlich stets gut halten, aber ich versuchte, ihm ein möglichst angenehmes Gefühl von Schwerelosigkeit zu vermitteln. Es schien ihm sehr zu gefallen, aber es war auch anstrengend für ihn. Ich erinnere mich gut daran, wie wir ihn in seinen kleinen gelben Bademantel gesteckt haben und er dann tief und glückselig geschlafen hat. In der Therme, aber auch in der Unterkunft, in den Restaurants und am See - überall hat man uns ganz normal behandelt. Niemand wusste, in welcher Situation wir uns befanden und das war eine weitere wunderbare Erfahrung. Gerade, weil wir wussten, dass sich das irgendwann ändern wird, haben

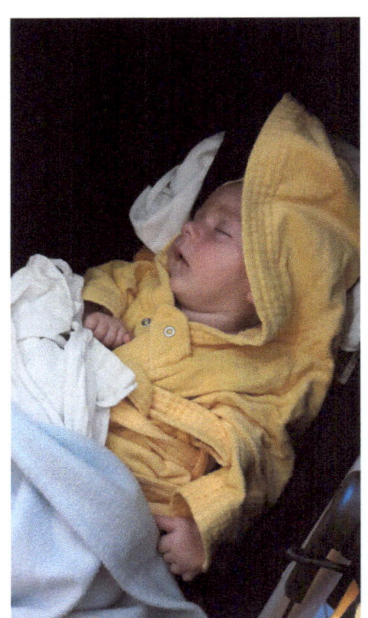

Thermenbesuch in Ungarn

wir jede Sekunde „glückliche Normalität" so gut wie möglich ausgekostet.

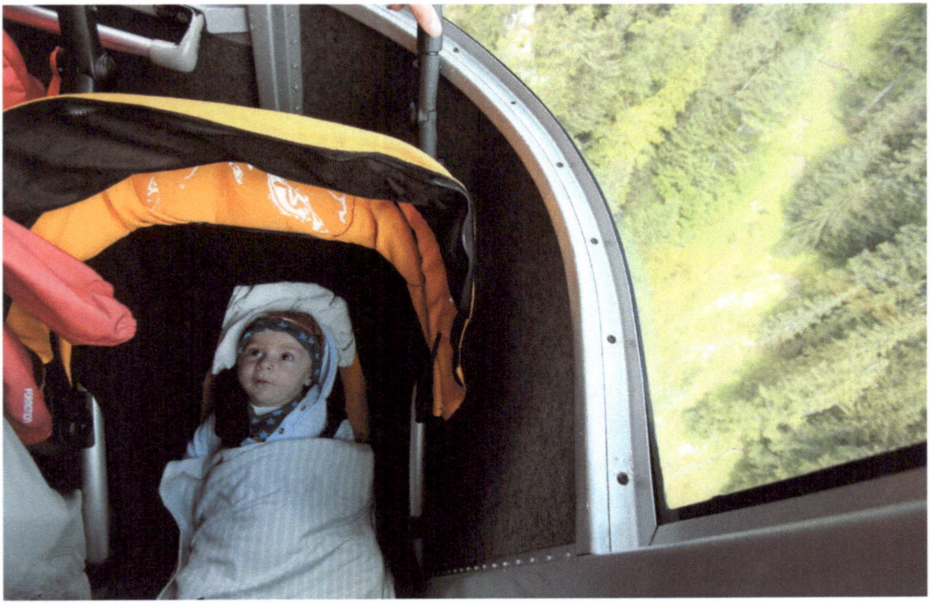

Brunos erste Gondelfahrt in Gosau

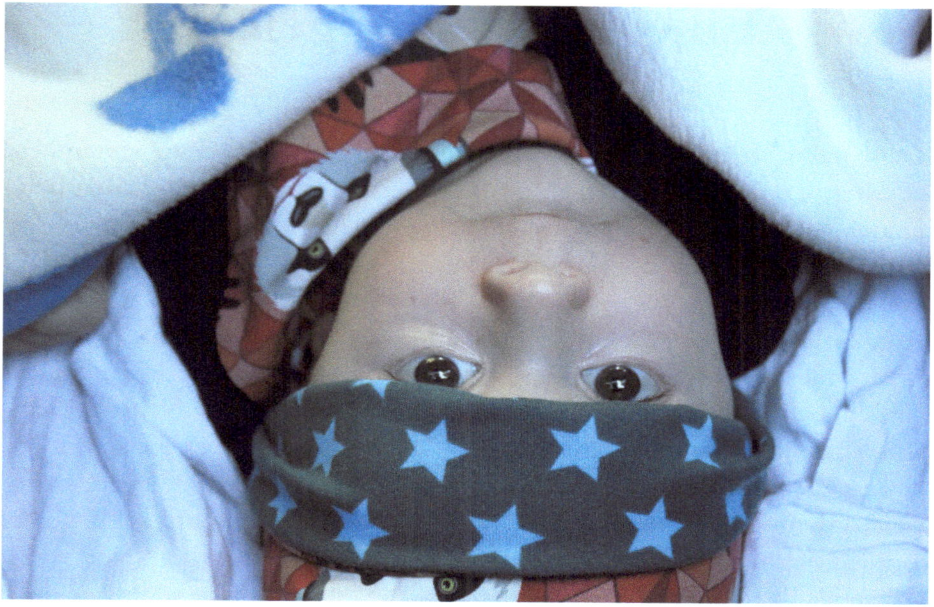

Brunos Blick aus dem Kinderwagen beim Spazieren um den Vorderen Gosausee

Spazieren am Loser

Eine Sonde wird gelegt

Bruno nahm stetig, aber verhältnismäßig zu wenig, zu. Als er im September, im Alter von fünf Monaten, anfing sein Gewicht nur noch zu halten bzw. mit der Zeit langsam anfing, Gewicht zu verlieren, wies uns das mobile Kinderpalliativteam vorsichtig auf eine Magensonde hin.

Bruno war durch seine eingeschränkte Muskelkraft nicht mehr imstande, durch Stillen genug Nahrung zu sich zu nehmen. Bei einer Magensonde wird ein Schlauch vorsichtig durch die Nase geführt und die Nahrung wird dann über den Schlauch direkt in den Magen transportiert. Das Kinderpalliativteam ließ uns Zeit und bot an, die Sonde jederzeit zu legen, wenn wir uns dafür bereit fühlten. Ich konnte nicht sofort zustimmen und wollte vorher noch mit einer Stillberaterin sprechen. Ich kontaktierte eine wunderbare Stillberaterin, die ich bereits durch eine Stillgruppe kennengelernt hatte und die Fachwissen im medizinischen Bereich hatte. Sie nahm sich extra Zeit, um zu mir nach Hause zu kommen und mich in aller Ruhe zu beraten. Nachdem ich mit ihr gesprochen hatte, war auch für mich klar, dass der Punkt eindeutig erreicht war, an dem Bruno Flaschennahrung braucht. Die Sonde war nur noch eine Frage der Zeit und wir wollten immer, dass es Bruno gut geht. Eine Magensonde schien für uns zu einer eindeutigen Verbesserung seiner Lebensqualität beizutragen, da er sich nicht mehr mit Nahrungsaufnahme abmühen musste. Wir beschlossen, das Angebot vom Palliativteam anzunehmen und die Sonde nun möglichst gleich zu legen.

Das Team kam am nächsten Tag wieder zu uns und zeigte uns, wie man bei Bruno die Sonde legt. Martin war bereit, das Wechseln der Sonde in Zukunft etwa einmal die Woche zu übernehmen. Einen Tag vorher habe ich am Abend noch ein paar Fotos von Brunos Gesicht gemacht, weil ich das Gefühl hatte, er wird mit einer Sonde nie mehr so aussehen. Es würde von nun an für Fremde offensichtlich sein, dass Bruno krank ist. Ich kann mich noch genau erinnern, wie ich versucht habe, beim Legen der Sonde gefasst zu bleiben. Während der kleine Schlauch durch seine Nase geführt wurde, konnte ich meine Tränen trotzdem nicht mehr zurückhalten. Auch in dieser Situation war das Palliativteam so sensibel und gab uns so viel Zuversicht und Sicherheit. Das Ende vom Sondenschlauch wurde an der Wange mit einem Pflaster festgeklebt, das das Team in Herzform zugeschnitten hatte. Das war für mich eine sehr rührende Geste. Mit dem Legen der Sonde war ein weiterer notwendiger Schritt geschafft. Es war ein bisschen Übungssache, wie viel Nahrung wir Bruno über die Son-

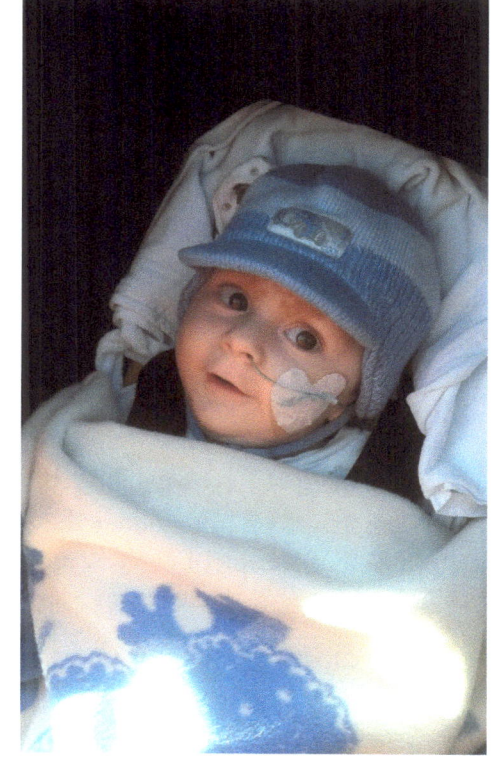

Foto rechts:
Bruno beim Spazieren
im Kinderwagen

Foto unten:
Zuhause beim Mittagsschläfchen

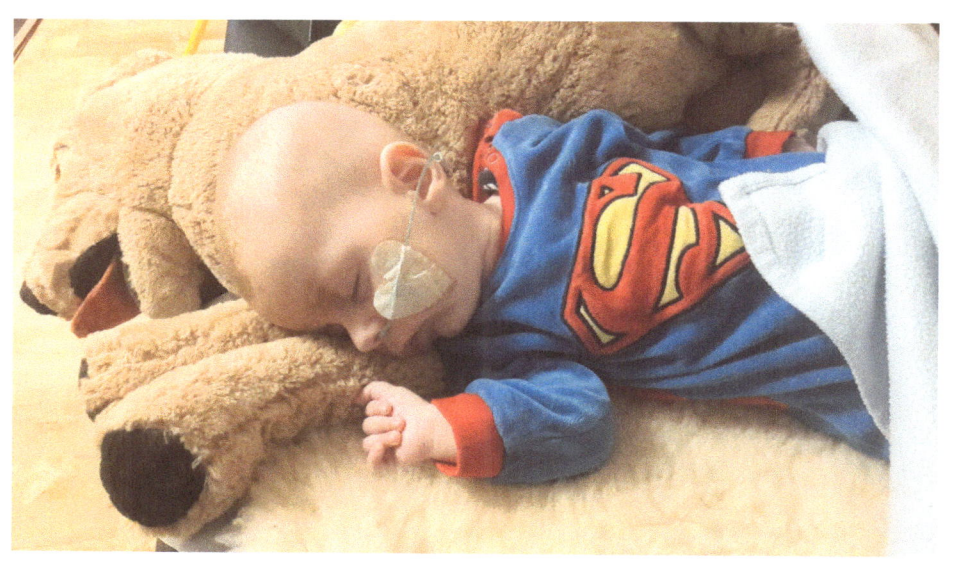

de geben konnten und wie viel er verträgt, ohne sich übergeben zu müssen. Aber wir waren zuversichtlich und überzeugt, ihn nun viel einfacher ernähren zu können.

Wir wollten dennoch möglichst „normal" weitermachen. Am selben Tag noch erledigten wir - Martin, Bruno und ich - ein paar Einkäufe. Ich erinnere mich an ein Kind, das mit seiner Mutter an uns vorbeiging, und ich hörte, wie es seine Mama fragte, was der Bub hat, und dabei auf Bruno zeigte. Die Sonde war einfach nicht zur Gänze zu verstecken. Es war nun für Fremde offensichtlich, dass unser Kind krank war. Dennoch hatten wir keine Intention dazu, uns deshalb in unserem Haus einzusperren. Wir waren trotz allem weiterhin gern und oft unterwegs.

Wenn wir nicht gerade irgendwo alleine unterwegs waren, haben wir uns auch immer wieder mit Leuten umgeben, die uns gut tun. So waren wir weiterhin zum Beispiel bei Verwandten in Wien oder trafen Freunde und Familie zuhause, in Hartberg, in Spielberg oder in Graz.

Nichts ist unmöglich: Wanderung in Hinterstoder

Erste Auswirkungen auf die Atmung

Wie bereits mehrfach erwähnt, waren wir immer gerne unterwegs mit unserem Schatz. Eine besonders schöne Erinnerung ist ein Ausflug mit zwei Übernachtungen auf einer Almhütte in Hinterstoder mit meinem Bruder und seiner Familie sowie Martins Schwester und ihrem Freund. Wir fühlten uns vor allem durch das mobile Kinderpalliativteam bestärkt darin, all das zu machen, was uns als Familie gut tut. Die Ärztin vom Team hatte uns empfohlen, zur Sicherheit Morphium mit auf diesen Ausflug zu nehmen, damit wir für die zwei Nächte auf der Almhütte vorbereitet sind, falls Bruno zum ersten Mal Atemnot bekommen sollte. Bis dahin gab es noch keine unmittelbaren Anzeichen, ein solches Mittel Bruno zu verabreichen. Morphium ist ein betäubendes Rauschgift und die Anwendung ist nur unter bestimmten Umständen erlaubt. Im Falle des Falles sollte eine ganz kleine Dosis Bruno dabei helfen, keine Panik zu bekommen, sondern Ruhe zu bewahren und somit wieder eine gleichmäßige Atmung zu erlangen.

Das Gefühl der Ärztin war absolut richtig. Tatsächlich ist Bruno zweimal sehr blass geworden. Wir verstanden zuerst nicht, warum er so blass wurde. Bevor wir am Abreisetag nach Hause fuhren, wollten wir alle gemeinsam noch einen Zwischenstopp einlegen, um eine kleine Wandertour zu machen. Auf der Autofahrt dorthin wurde Bruno ein bisschen unruhig. Er war in seiner Babyschale am Rücksitz unseres Autos und Martin und ich saßen vorne. Wir überlegten, stehen zu bleiben, aber nach kurzer Zeit wurde er doch wieder ruhig und die Autofahrt endete nach ein paar weiteren Minuten ohnehin. Als wir mit dem Auto an unserem Ziel ankamen und ich Bruno rausnehmen wollte, war er extrem blass geworden und völlig teilnahmslos. Ich nahm ihn sofort aus seiner Babyschale aus dem Auto heraus, damit er zu mir an die frische Luft kam, und saugte Spucke mit einem Nasensauger aus dem Mund. Ich sagte immer wieder seinen Namen und langsam kam er wieder zu sich. Ich zitterte und stand unter leichtem Schock. Wir hatten zum ersten Mal erlebt, wie es sein wird, wenn Brunos Ende naht. Der erste Impuls war für mich, sofort ins nächstgelegene Krankenhaus zu fahren. Nachdem wir aber auch selbst nochmal in Ruhe durchgeschnauft und unsere Gedanken gesammelt hatten, beschlossen wir, uns gleich in Richtung Graz zu begeben und am Weg die Ärztin vom Kinderpalliativteam anzurufen.

Ich wollte Bruno nicht einfach wieder in die Babyschale geben, denn ich war mir sicher, dass es wieder dazu führte, dass er Probleme mit der Atmung bekam. Wir entschlossen uns dazu, dass ich ihn bei mir am Beifahrersitz im Arm halte. Bei einem kerngesunden Kind würde ich sowas niemals machen, aber es wurde uns bewusst, dass wir bereits an einem Punkt angekommen waren, an dem das „normale" Leben für Bruno ernsthafte Schwierigkeiten bereitete. Auf der Heimfahrt kurz vor Graz blieben wir nochmal bei einer Raststation stehen, weil wir wieder ein bisschen unsicher waren und Bruno unruhig wurde. Auf dieser Raststation verabreichten wir ihm erstmals eine winzige Dosis Morphium direkt in die Mundschleimhaut und er beruhigte sich zum Glück recht schnell wieder. Wir telefonierten mit der Ärztin vom Kinderpalliativteam und sie bestärkte uns in unserem Handeln, lobte unser Verhalten und schenkte uns sehr viel Mut und Zuversicht. Dieses Erlebnis war für uns erschreckend - aber gleichzeitig eine Erleichterung, denn nun wussten wir, dass Brunos Atemnot sich in einer ruhigen Art äußerte. Wir fragten die Ärztin bei der ursprünglichen Diagnose im Juni bereits, wie sich seine Krankheit im Laufe der Zeit äußern würde beziehungsweise wie er letztendlich sterben wird. Von daher waren wir darauf vorbereitet, dass er irgendwann mit der Atmung Probleme bekommen wird. Wenn es soweit ist, kann er entweder panisch reagieren oder ganz ruhig werden und langsam wegdämmern. So hatten wir zumindest das Gefühl, dass Bruno nicht leiden, sondern irgendwann einmal ruhig einschlafen wird.

Unser neuer Begleiter: Morphium

Von diesem Tag an begleitete uns ständig ein kleines schwarzes Täschchen überall hin. Darin befanden sich das Notfall-Morphium sowie eine kleine Spritze, auf der wir einen kleinen Schlauch befestigt hatten, um Brunos Spucke aus seinem Mund zu saugen, wenn er mit dem Schlucken Probleme bekam. Wir trauten uns trotz allem weiterhin mit Bruno unterwegs zu sein. Wir wünschten uns nach wie vor, die Zeit bis zu Brunos Tod als eine schöne Zeit zu erleben. Dies war definitiv zu einem großen Stück der Unterstützung durch das mobile Kinderpalliativteam zu verdanken. Wir mussten so gut wie nie ins Krankenhaus fahren und wurden nach wie vor dazu ermutigt, mit Bruno Ausflüge zu machen. Das mobile Kinderpalliativteam organisierte uns auch einen gebrauchten Kindersitz, bei dem Brunos Körper nicht so eingeknickt wie in einer Babyschale liegen würde, doch es half nichts. Er war vielleicht für gut fünf Minuten zufrieden und bekam dann auch in diesem Kindersitz wieder Atembeschwerden. So genoss er ab dieser Zeit eben das Privileg, am Beifahrersitz in meinen Armen zu liegen und bei der Windschutzscheibe hinaus zu sehen. Autofahren mit Bruno war zu dieser Zeit ohnehin nur noch möglich, wenn Martin und ich gemeinsam mit ihm unterwegs waren. Martin konnte zu dieser Zeit bereits Hospizkarenz in Anspruch nehmen, um ganz bei mir und Bruno zuhause bleiben zu können. So war ich nie ganz allein mit Bruno, sondern wir waren stets beide in seiner Nähe. Martin arbeitete zwar halbtags im Homeoffice, aber für den Fall, dass es Bruno schlecht ging, war er da und konnte mich sofort unterstützen. Das war auch ein sehr beruhigendes Gefühl für mich, weil ich wollte, dass Martin vor allem dann da war, wenn Brunos Ende endgültig gekommen war.

Im Verabreichen des Morphiums entwickelten wir langsam eine Routine. Wenn Bruno anfing sich aufzuregen und Atemnot bekam, holten wir ruhig und konzentriert das Morphium hervor, verabreichten es ihm und wenn wir im Haus waren, gingen wir sofort mit ihm an die frische Luft. Ich erinnere mich dabei an ein Treffen mit einem gut befreundeten Paar in Graz. Wir spazierten durch die Altstadt und als wir zum Hauptplatz kamen, verlor Bruno wieder an Farbe im Gesicht und er wurde teilnahmsloser. Martin und ich haben als eingespieltes Team Bruno das Morphium direkt vor dem Rathaus verabreicht. Es wäre uns auch nicht aufgefallen, dass irgendjemand der umstehenden Passanten etwas mitbekommen hätte. Nur unsere Freunde haben zugesehen und uns Bewunderung für unser ruhiges Handeln ausgesprochen. Es war tatsächlich für uns selbst immer wieder erstaunlich, wie ruhig wir in unserem Tun waren - keine Panik, kein Stress - einfach nur Handeln.

Hochzeitstag

Am 20. September feierten Martin und ich unseren zweiten Hochzeitstag. „Feiern" war den Umständen entsprechend natürlich relativ. Bruno ging es an diesem Tag nicht besonders gut und wir blieben einfach zu Hause. Ein gut befreundetes Pärchen wollte stets für uns da sein und Hilfe anbieten. An diesem Tag brachten sie uns einen großen Topf selbst gemachtes Gulasch vorbei. Wir freuten uns sehr und waren so dankbar. Dabei war ihnen gar nicht bewusst, dass es unser Hochzeitstag war. Meine Freundin meinte, dass sie sich in dem Fall etwas Exquisiteres hätte einfallen lassen. Wir waren aber vollkommen glücklich und dankbar für das, was sie uns gebracht hatten. Wir wussten, dass es noch weitere Hochzeitstage geben würde, an denen wir feiern und uns etwas Besonderes einfallen lassen können, aber für den Moment hatte einfach nur unser Kind oberste Priorität.

Die Ausflüge verringern sich

Wir waren ständig frohen Mutes und planten für Ende September einen Kurztrip über Kärnten nach Venedig. Im Oktober waren wir außerdem bei einer Hochzeit einer Freundin in Stuttgart eingeladen. Wir hatten für die beiden Kurzreisen alles geplant und arrangiert.

Der Ausflug nach Venedig startete in Klagenfurt. Wir wollten dort mit Bruno eine kleine „Weltreise" machen und besuchten Minimundus. Er hatte in der Anlage wieder einen kleinen Anfall von Atemnot, wir haben es aber routiniert mit Morphium schnell in den Griff bekommen. Am Nachmittag besuchten wir noch Freunde von Martin und zogen uns anschließend für den Abend in unser Quartier zurück. Für den nächsten Tag hatten wir noch Zeit rund um Velden eingeplant, doch der Morgen startete mit einem unerwarteten Schrecken. Als wir uns für das Frühstück fertig machen wollten, bekam Bruno wieder Atemnot. Wir verabreichten ihm etwas Morphium,

Besuch bei Minimundus in Klagenfurt

Entspannter Nachmittag
am Schwarzl See

doch zum ersten Mal zeigte es keine Wirkung. Wir wurden nervös, denn er fing nicht, wie sonst, wieder ruhig und langsam zu atmen an. Er hatte einen vollkommenen Atemstillstand. Ich legte ihn auf das Bett und meine Gedanken schwirrten unkontrolliert in verschiedene Richtungen. Aber wir wendeten den Blick nie von Bruno und verhielten uns weiterhin ruhig. Wir hatten die einzelnen Schritte im Falle von Brunos Tod schon mit dem mobilen Kinderpalliativteam besprochen, doch war es nun für mein Gefühl sehr wohl ein bisschen plötzlich. Ich begann langsam, mir die einzelnen Schritte im Falle seines Todes in Erinnerung zu rufen. Eine Rettung zu rufen, war in dieser Situation nicht notwendig, weil Brunos Krankheit unheilbar war und wir uns gegen jegliche lebenserhaltenden Maßnahmen entschieden hatten. Sollen wir erst die Polizei anrufen? Oder kontaktieren wir jemand anderen zuerst?

Bruno lag für mein Gefühl unendlich lange ruhig und friedlich da und meine Hoffnung ihn nochmal atmen zu sehen, löste sich bereits in Luft auf. Auf einmal setzte Brunos Atmung doch wieder ein. Ganz von alleine. Ich war so froh und dankbar.

Ich ließ Martin und Bruno für einen Moment im Zimmer allein, um an der Rezeption Bescheid zu geben, dass wir einen Tag früher als geplant auschecken wollten. An der Rezeption angekommen, bemerkte ich, dass mich diese Situation ganz schön mitgenommen hatte. Ich zitterte am ganzen Körper. Trotzdem versuchte ich der Dame an der Rezeption, die zugleich die Hotelbetreiberin war, ruhig zu erklären, dass es unserem Kind nicht so gut ging und wir nach Hause fahren wollten. Die Hotelbetreiberin war sehr betroffen und ich erklärte ihr in einer Kurzfassung unsere Situation. Sie bestand darauf, uns ein Frühstück ins Zimmer bringen zu lassen und stornierte uns die weitere Nacht kostenlos. Sie fragte beim Auschecken, ob wir nun ins Krankenhaus fahren werden, doch wozu? Wir wussten ja, was mit unserem Kind los war. Wir wollten einfach nur nach Hause.

Die Hotelbetreiberin sprach uns Mut zu und sagte, wir sollen den schönen Tag ruhig noch hier in der Umgebung genießen. Dieser Moment am Morgen hatte mir jedoch zu sehr zugesetzt. Ich wollte nur noch nach Hause.

Ich war darauf gefasst gewesen, dass Bruno unterwegs nach Venedig tatsächlich aufhören könnte zu atmen und ich war bereit, das Risiko einzugehen, aber von diesem Moment an war mir auch klar, dass es nun wirklich nicht mehr lange dauern wird. Und wenn Brunos Lebensende schon so absehbar war, wollte ich, dass wir nun doch zuhause bleiben. Ich sagte sogleich unseren Aufenthalt für Venedig ab und auch meiner Freundin in Stuttgart berichtete ich von der Situation und unserer Entscheidung, nicht zur Hochzeit zu kommen.

Krankensalbung

Auf dem Heimweg von Kärnten kam mir der Gedanke, dass wir in unserer Pfarre um eine Krankensalbung für Bruno bitten könnten. Wir riefen den Pfarrer an, der mit uns auch Brunos Taufe gefeiert hatte, und vereinbarten einen Termin.

Brunos Anfälle wurden nun schon relativ häufig. Auch bei der Krankensalbung hielt ich ihn auf dem Arm und wir gaben ihm währenddessen Morphium und brachten ihn an die frische Luft, weil er unruhig wurde. Dennoch war ich dankbar, dass wir ihm dieses Sakrament ermöglichen konnten. Seit dem Atemstillstand in Klagenfurt sah ich jeden gemeinsamen Tag mit Bruno als Bonus an. Ich hatte in Klagenfurt das Gefühl, er sei bereits von uns gegangen. Deswegen betrachteten wir jeden Tag, den wir noch mit ihm verbringen durften, als großes Geschenk.

Die verbleibende Zeit mit unserem kranken Kind in unserem Haus zu verbringen, war ein unglaublich großes Geschenk. Das mobile Kinderpalliativteam ging so behutsam und individuell auf uns ein. Dadurch fühlten wir uns immer wieder bestärkt in unseren eigenen Wünschen als Familie. Gerade die letzten paar Wochen mit Bruno haben unser Leben, unser Denken, unsere Prioritäten so stark aufgewirbelt. Wir fühlten uns nun viel zielstrebiger und sicherer in dem, was wir für richtig hielten. Unser Wunsch und das Ziel waren völlig klar: „Wir wollen, dass es unserem Kind gut geht." Ohne dieses Team hätten wir dies niemals so gut umsetzen können. Doch langsam wurde offensichtlich, dass Bruno immer blasser und schwächer wurde. Er lächelte immer sehr viel, aber mit der Zeit lächelte er kaum noch. Das letzte Mal sah ich ein schwaches Lächeln auf seinen Lippen eine Woche, bevor er starb. Martin hatte das Glück, ihn direkt am Vorabend zu seinem Todestag lächelnd und plaudernd zu erleben. Er war mit Bruno im Schlafzimmer und erlebte ein paar Minuten ausgelassenes Lachen und Plaudern. In Summe wurde das Leben hier auf Erden für ihn aber zu anstrengend. Erst im Nachhinein erzählte mir ein guter Freund, der uns kurz vor Brunos Tod besucht hatte, dass er bei Brunos Anblick schon damit gerechnet hat, dass es bald vorbei sein würde.

Der Todestag

7. November 2016. Brunos Todestag. Er war knapp sieben Monate alt, bzw. ganz genau 208 Tage, 16 Stunden und 41 Minuten. Davon lebten wir genau fünf Monate in dem Bewusstsein, dass er in unmittelbarer Zukunft sterben wird.

An diesem Tag war am Vormittag noch das mobile Kinderpalliativteam bei uns. Im Nachhinein glaube ich, dass das Team schon ahnen konnte, dass es nicht mehr lange dauern wird. Mir persönlich wurde erst später bewusst, welche offensichtlichen Zeichen es gab. Er lächelte nicht mehr und war so dünn und blass. Ich habe jedoch alles ausgeblendet und das getan, was ich jeden Tag tat: darauf schauen, dass es meinem Kind so gut geht, wie nur möglich. Martin war durch die Hospizkarenz ja bereits daheim und wir hatten an dem Tag ansonsten nichts geplant. Wir haben ganz normal zu Mittag gegessen und am Nachmittag gegen 16 Uhr wollte ich mich gerade mit Bruno am Arm auf die Couch setzen und eine Dokumentation im Fernsehen ansehen. Da bekam Bruno wieder Atemnot. Er wurde blass und wir gaben ihm Morphium, damit er sich beruhigen und weiteratmen konnte. Wir gingen hinaus an die frische Luft, doch er erholte sich nicht. Seine Kraft war am Ende.

Martin und ich hielten ihn abwechselnd im Arm und ich sagte zu Bruno, wie lieb wir ihn haben und dass es okay ist, wenn es zu anstrengend für ihn ist. Wir werden ihn vermissen, aber er darf loslassen. Er schnaufte noch einmal kurz auf und dann war es vorbei. Wir waren ganz ruhig. Wir weinten, aber wir waren ruhig. Dieser Augenblick des Todes war so intensiv und gleichzeitig so friedlich. Es ist so schwierig, für diesen Moment die richtigen Worte zu finden. Alles kommt zusammen und gleichzeitig ist alles andere egal. Wir haben Bruno begleitet, vom ersten Herzschlag bis zu seinem letzten Atemzug. Und mit diesem einen Moment war es vorbei. Die Sorge, die Unsicherheit … bis dahin wussten wir nicht, wie es sich tatsächlich anfühlen wird, wenn das eigene Kind in den eigenen Armen stirbt. Wir wussten nur, dass wir unsere Aufgabe schaffen werden, auch wenn es uns das Herz brach.

Unser Wunsch, dass es ihm möglichst gut geht und wir bis zum Schluss für ihn da sein können, hatte sich erfüllt.

Ich rief gleich darauf die Ärztin vom mobilen Kinderpalliativteam an, um ihr zu sagen, dass Bruno aufgehört hatte zu atmen. Sie war in diesen paar Monaten eine unglaublich wichtige Stütze für uns geworden und wir waren und sind nach wie vor so dankbar für ihr herzliches Wesen und ihr Engagement. Sie machte sich nach meinem Anruf sofort auf den Weg zu uns. Wir benachrichtigten in weiterer Folge auch unsere Hospizbetreuerin, unsere Eltern und unsere Geschwister. Alle machten sich auf den Weg zu uns.

Wir legten Bruno auf eine Schafwolldecke auf der Couch in unserem Wohnzimmer und legten auch ein Kuscheltier zu ihm. Wir machten letzte Fotos von ihm, während er so ruhig da lag. Ich wechselte meine eigene Kleidung gleich auf Schwarz. Ich spürte sofort das Bedürfnis, mich in der, in unserem Kulturkreis üblichen, Trauerfarbe einzukleiden.

Die Ärztin vom Kinderpalliativteam und auch die Hospizbetreuerin kamen bald zu uns. Sie fragten behutsam wegen der nächsten Schritte: Bruno nochmal waschen, die Bestattung informieren, usw.. Wir waren im Vorhinein schon gut informiert worden bezüglich der weiteren Schritte. Wir riefen keine Rettung, sondern wir verständigten nur die Polizei, weil im Falle eines Kindstodes die Polizei informiert werden muss. Ich denke, dieser Schritt ist vielleicht deshalb üblich, um ein mutwilliges Vorgehen auszuschließen. Es kam auch noch ein diensthabender Allgemeinmediziner aus dem Ort zu uns, um den Tod festzustellen. Der Allgemeinmediziner war schon etwas älter, aber von unserer Situation sehr betroffen. Er füllte die notwendigen Dokumente aus und verabschiedete sich bald wieder. Ich brachte ihn zur Tür und er umarmte mich ganz spontan und sprach mir sein herzliches Beileid aus. Ich war überrascht, dass ihm der Tod unseres Kindes so nahe ging, obwohl wir uns noch nie zuvor gesehen hatten.

Nachdem ich Bruno ein letztes Mal gesäubert hatte, zog ich ihm ein Trachtenhemd an, das er von meiner Mama geschenkt bekommen hatte und wofür wir sonst noch keine Gelegenheit gefunden hatten, um es ihm anzuziehen. Außerdem zog ich ihm noch eine dazu passende braune Hose an und hängte ihm seine Goldkette um, die er zur Taufe geschenkt bekommen hatte.

Als die Bestattung eintraf, waren auch unsere Eltern schon da, aber die Geschwister von Martin noch nicht. Wir baten um ein bisschen mehr Zeit und schickten die verständnisvollen Bestattleute nochmal weg. Mein Bruder konnte am gleichen Tag nicht kommen, sondern erst am nächsten Tag. Die Bestattung rief gegen 20 Uhr erneut an und fragte, ob es in Ordnung sei, wenn sie erst am nächsten Tag gegen 9 Uhr kommen. Wir waren erleichtert darüber, dass wir nun keinen Zeitdruck mehr hatten und auch mein Bruder noch Gelegenheit hatte, um sich zu verabschieden.

Wir saßen und standen alle um die Couch herum. Es herrschte eine sehr andächtige Stimmung und ich erinnere mich, wie mein Papa sagte: „Er sieht aus, als würde er nur schlafen." Jeder hatte Gelegenheit, unser Kind in Ruhe zu betrachten und zu berühren. Unpassend fand ich es nur, als eine der anwesenden Personen bei Bruno saß, Brunos Hand streichelte und gleichzeitig mit jemand anderem über irgendwelche Krankheiten von einem Bekannten oder Nachbarn redete. Das schmerzte mich. Diese allerletzten Momente hier mit Bruno waren für mich wertvoll und heilig. Ich wollte ihn auf der Reise in den Himmel nicht mit Krankheitsgeschichten von Fremden belasten. Am Totenbett eines Kindes gibt es für mich als Thema nur das Leben dieses Kindes und die Liebe für ihn, über das man sprechen sollte. Ich wollte Bruno mit guten Gedanken, Worten und viel Liebe loslassen. Ich wollte jedem bewusst Zeit geben für den Abschied, aber für unbedeutenden Tratsch war mir die Zeit zu kurz und zu kostbar.

Die letzte Nacht mit Bruno zuhause

Nachdem sich einer nach dem anderen von Bruno verabschiedet hatte, machten sich alle auf den Heimweg. Irgendwann wollte ich endlich mit Bruno und Martin alleine sein. Einerseits, weil ich schon sehr müde war und andererseits wollte ich keinen Besuch mehr da haben. Die letzten Besucher schienen jedoch ein bisschen in Trance gewesen zu sein und brauchten irgendwann eine aktive Aufforderung, nach Hause zu gehen.

Nachdem wir letztendlich alleine waren, stand uns eine letzte Nacht mit unserem Kind in unserem Zuhause bevor. Wir fühlten uns ein wenig planlos, aber taten so wie immer genau das, was wir für richtig hielten. Wir wollten unser Kind nicht mutterseelenalleine im Wohnzimmer auf der Couch liegen lassen. Deshalb haben wir ihn zwischen uns ins Bett gelegt, so wie wir es schon oft gemacht hatten und gewohnt waren. Es war weder seltsam, noch unheimlich, sondern es fühlte sich ganz natürlich an. Ich ließ die ganze Nacht meinen Zeigefinger in seiner kleinen Faust liegen und ich konnte sogar schlafen. Ich wachte zwar ein paar Mal kurz auf, aber ich schlief dennoch relativ ruhig immer wieder ein. Wir mussten uns nun keine Sorgen mehr machen, dass Bruno plötzlich Atemnot bekommen würde und sich im blödesten Fall dabei auch noch alleine fühlen würde. Er hatte keinen Stress mehr und wir auch nicht. Wir konnten nun jegliche Anspannung loslassen und befreit alles annehmen, was weiter auf uns zukommen würde.

Am nächsten Morgen hatte sich Brunos Körper langsam ein bisschen verändert. Die Finger seiner Faust, in die ich meinen Finger gelegt hatte, hatten sich etwas blau verfärbt und sein Gesicht wurde auch blasser und kälter. Trotzdem war sein Anblick nicht unheimlich. Es war bloß traurig und machte mir bewusst, wie schnell das Leben vorbei sein kann. Wir legten ihn wieder ins Wohnzimmer. Hier konnte sich dann mein Bruder auch noch von ihm verabschieden. Als die Bestattleute um 9 Uhr bei uns waren, brachten sie einen liebevoll gestalteten kleinen Holzsarg in unser Wohnzimmer, auf dessen Deckel ein bunter Baum gemalt war. Innen war er mit einem lila-farbenen Seidenstoff gepolstert. Die Bestattleute boten uns an, unser Kind selbst in den Sarg hineinzulegen. Martin wusste, dass ich das dankbar annehmen würde und gab mir mit einem zustimmenden Blick das Okay dafür. So hielt ich mein Kind ein letztes Mal fest in meinen Armen. Ich legte Bruno behutsam in sein seidenes Bettchen, deckte ihn zu, küsste ihn ein letztes Mal und legte auch noch zwei seiner Kuscheltiere zu ihm: den Bären, den seine Taufpatin für ihn gehäkelt hatte, sowie den kleinen Kuschelbären mit roter Kuscheldecke, den er von mir zur Geburt geschenkt bekommen hatte. Danach brachten ihn die Bestattleute hinaus in den Leichenwagen. Ich blieb im Wohnzimmer und wundere mich heute noch darüber, dass ich nicht hinausging, um mit anzusehen, wie der kleine Sarg in das Auto gegeben wurde.

Nachdem das Auto von der Bestattung mit Bruno weggefahren war, schauten wir uns gemeinsam mit meinem Bruder Fotos von Bruno an. Von diesem Moment an befand ich mich längere Zeit in einer emotionalen Achterbahnfahrt. Das ständige Auf und Ab hatte mich fest im Griff. Meist aus dem Nichts überwältigte mich immer wieder dieser Schmerz des Verlustes. Mein Kind war plötzlich nicht mehr da und das Realisieren dieser Tatsache brach mir immer wieder aufs Neue das Herz. Doch im nächsten Moment war ich wieder konzentriert bei der Sache und erledigte meine Angelegenheiten auf eine Art und Weise, die für Außenstehende wohl unverständlich sein musste. Ich hatte manchmal fast das Gefühl, mich dafür schämen zu müssen, wenn es nach einem Bergab wieder ein Bergauf gab und ich mich richtig gut fühlte. Mein einziges Kind war gestorben, daher musste ich doch in ständiger Trauer sein. Doch ich habe gelesen und habe auch von unserer Seelsorgerin, die im mobilen Kinderpalliativteam arbeitet, die Bestätigung bekommen: Körper und Geist lassen nur so viel Trauer zu, wie sie in dem Moment imstande sind zu ertragen. Zwischendurch müssen aber auch Erholung und Normalität herrschen. So tat ich alles, was sich gut und richtig anfühlte, und ließ die Trauer dort zu, wo es für mich gut passte.

Die ersten Tage nach Brunos Tod

Bei den Vorbereitungen für die Abschiedsfeier gestaltete ich erst einmal die Traueranzeige für Bruno, um Freunde und Verwandte zu informieren. Das engere Umfeld riefen wir an, ansonsten beauftragten wir großteils unsere Eltern und Geschwister, die jeweils näheren Verwandten zu informieren. Alle anderen bekamen die Traueranzeige.

Ich hatte mir zuvor keine Gedanken über den Inhalt und die Gestaltung gemacht. Ich arbeitete einfach drauf los und stellte die Traueranzeige nach Gefühl zusammen, wie ich es als angemessen und passend empfand. Der Hintergrund der Anzeige war hellblau, den Fußabdruck von Brunos Geburt habe ich eingescannt, dunkelblau eingefärbt und auf der Anzeige platziert. Dazu kam noch ein Foto von dem Teddybären, den seine Taufpatin ihm gehäkelt hatte, und den wir mit in den Sarg gegeben hatten. Neben seinem Namen gestaltete ich eine Grafik von einem Kreuz mit drei Punkten darüber, die für mich eine Schnullerkette symbolisierten. Als Porträtfoto wählte ich ein Bild von Bruno, auf dem er wundervoll lächelte. Den Hintergrund vom Foto habe ich ausgeschnitten und stattdessen ein Landschaftsfoto von unserem gemeinsamen Urlaub in Gosau eingefügt. Mit dem Urlaub in Gosau verband ich sein entzückendes Lächeln und seine Freude, die zu spüren war, während er sich mit uns in der Natur aufhielt. Der Hintergrund war einfach eine perfekte Ergänzung zu dem Foto mit seinem süßen Lächeln.

Die Trauerkarte, die wir allen als Andenken an Bruno geben konnten, gestaltete ich auch persönlich. Für die Vorderseite fotografierte ich den leeren Kinderwagen auf unserer Terrasse mit Sonnenschein im Hintergrund. Auf der Innenseite links und rechts habe ich den Inhalt von der Traueranzeige in reduzierter Form platziert.

In den folgenden Tagen hatte ich vieles zu tun - wie zum Beispiel einen Krankenstand anmelden. Wenn man zum Zeitpunkt des Todes vom eigenen Kind eigentlich noch in Elternkarenz zu Hause ist, hat man zwar Anspruch auf Sonderurlaub, da ein Kind als Angehöriger ersten Verwandtschaftsgrades gilt, doch danach müsste man gleich wieder zurück an die Arbeit. In meinem Fall reichte der Gang zum Arzt, damit ich mich krankschreiben lassen konnte. Ich erinnere mich, dass ich mit Martin zum Hausarzt ging und ich fühlte mich ruhig und stark. Als ich meine E-Card aus der Geldbörse zog, war meine Stärke mit einem Schlag wieder weg. Direkt bei meiner E-Card bewahrte ich auch die E-Card von Bruno auf. Bei diesem Anblick bekam ich Tränen in den Augen, hatte einen Kloß im Hals und brachte ab dem Moment kein Wort mehr heraus. Zum Glück war Martin dabei. Ich konnte ihm einen Schubs geben, damit er verstand, was los war, und er für mich das Reden übernehmen konnte. Sofort kam mir in den Sinn, wie oft ich diese Karte in Verwendung hatte und dass ich sie nun nie wieder brauchen werde. Es mag nur eine Kleinigkeit sein, aber mir wurde die Endgültigkeit von Brunos Tod in diesem Augenblick klar vor Augen geführt. Der Arzt schrieb als Begründung für den Krankenstand „starke Trauer". Es ist nicht automatisch geregelt, aber ich bin sicher, dass viele nach dem Tod eines Kleinkindes oder Babys nicht sofort von der Karenz unmittelbar wieder ins Berufsleben einsteigen können. Die Trauerarbeit war für mich genug Beschäftigung.

Die weiteren notwendigen Schritte betrafen das Begräbnis von Bruno. Wir entschieden uns für eine Abschiedsfeier in der Kirche und besprachen alle Details mit einem Diakon unserer Pfarre. Im Anschluss wollten wir, dass sein Körper verbrannt wird und in eine Urne kommen soll. Die Beisetzung der Urne sollte dann nur unter der Anwesenheit von mir und Martin stattfinden.

Foto des leeren Kinderwagens für die Vorderseite der Trauerkarte
Rechts: Partezettel

Unser lieber Engel

Bruno Anger

* 13.4.2016
† 7.11.2016

hat nach kurzer Zeit hier auf Erden
seine Reise in den Himmel angetreten.

Wir danken für die wundervollen Momente,
die wir mit dir verbringen durften, für dein
sonniges Gemüt und jedes einzelne Lächeln:

Mama Martina und Papa Martin
im Namen aller Verwandten.

Du bleibst immer in unseren Herzen.

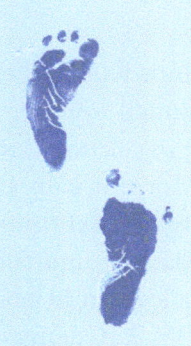

Wir nehmen Abschied von unserem Engel
am Samstag, 12.11.2016 um 14:30 Uhr
in der Pfarrkirche Premstätten.

Ab 13:30 Uhr besteht die Möglichkeit
in der Kirche von Bruno Abschied zu nehmen.

Anstelle von Blumenspenden bitten wir um Spenden zugunsten
vom Mobilen Kinderteam, IBAN: AT84 5600 0202 4104 2007,
Kennwort „Kinderpalliativ Bruno“

Wir danken für die Anteilnahme, bitten aber
von Beileidsbekundungen Abstand zu nehmen. Wer möchte
kann diese unter www.pax-requiem.at ausdrücken.

Premstätten, 8.11.2016

Die Abschiedsfeier

Am Tag der Abschiedsfeier in der Kirche fühlte ich mich emotional sehr stark. Einige Tage später wurde ich sogar einmal gefragt, ob ich Medikamente genommen hatte, weil ich so ruhig und gefasst wirkte. Doch ich wollte bei vollem Bewusstsein von meinem Kind Abschied nehmen und meinen Geist nicht mit Tabletten vernebeln. Abgesehen davon habe ich das ohnehin noch nie gemacht.

Bei der Ankunft in der Kirche waren meine Freunde aus Hartberg schon da, die sich um die musikalische Gestaltung gekümmert hatten. Die Liederauswahl übernahmen wir selbst. Zur Einsegnung wählten wir zum Beispiel das Lied, das wir auch bei Brunos Taufe ausgesucht hatten. Alles andere (wer kommt, welche Instrumente, Proben, usw.) hatten meine Freunde organisiert. Ich ging zu ihnen, während sie probten und bedankte mich für ihre wertvolle Unterstützung.

In der Kirche brachte ich ein Sackerl mit einigen von Brunos Kuscheltieren nach vorne in den Altarraum, die die Bestattung verwenden konnte, um den Sarg zu dekorieren. Als ich wieder nach draußen ging, kamen gerade zwei meiner Onkel am Kirchplatz an. Im nächsten Moment kam auch schon der Leichenwagen mit Brunos Sarg. Sein Holzsarg mit den bunten Verzierungen wurde in die Kirche getragen. Ich war andächtig und ruhig, aber keinesfalls aufgebracht. Die Bestattleute gestalteten alles sehr liebevoll. Rund um Brunos Sarg waren seine Kuscheltiere aufgestellt. Auf dem Altar stand ein großes, in Silber gerahmtes Foto von unserem Kind, das ich auch für den Partezettel verwendet hatte, und seine Taufkerze stand daneben. Die Bestattung hatte die Kerze in ein Glasgefäß mit silbernen Dekosteinen hineingesteckt und mit einer schwarzen Schleife dekoriert. Gefäß und Kerze stehen auch heute noch genauso gemeinsam mit dem gerahmten Foto in unserem Wohnzimmer. Von Floristen hatten wir ein weißes Rosenherz anfertigen lassen. Das Herz wurde direkt vor dem Sarg aufgestellt. Ansonsten wollten wir auf übermäßigen Blumenschmuck verzichten. Wir baten auf Brunos Partezettel darum, dass die Leute anstelle von Blumenspenden für das mobile Kinderpalliativteam spendeten. Für uns war das einfach sinnvoller und passender. Es war für uns ein sehr schöner Moment, als wir ein paar Wochen nach der Abschiedsfeier einen Brief vom mobilen Kinderpalliativteam bekamen, in dem sie uns Ihren Dank und die bis dahin erhaltene Spendensumme mitteilten. Es zeigte sich, dass wohl sehr viele Menschen unseren Wunsch erfüllt und in Brunos Namen dem Team eine Spende überwiesen hatten.

Eine Stunde vor Beginn der Abschiedsfeier konnten die Leute bereits in die Kirche kommen, um sich noch persönlich am Sarg zu verabschieden. Wir saßen mit Brunos Großeltern sowie unseren Geschwistern in der Kirchenbank ganz vorne und warteten auf den offiziellen Beginn. Ich nutzte diese Stunde, um innerlich in diesem Raum und dieser Situation anzukommen. Wir sahen, wie viele Menschen Anteil an Brunos Tod nahmen und nach vorne zum Sarg gingen, um sich zu verabschieden. Wir hatten auf dem Partezettel geschrieben, dass wir darum baten, von persönlichen Beileidsbekundungen Abstand zu nehmen, aber ein paar persönliche Beileidswünsche kamen dann doch. Da es nur ganz wenige waren und wir sehr gefasst und ruhig blieben, war es auch absolut in Ordnung.

Die Feier selbst gestalteten wir sehr persönlich und bekamen dabei wunderbare Unterstützung von unseren Freunden, aber auch vom Diakon. Unsere selbst verfassten Fürbitten wollten wir vor Beginn an die anwesenden Leute verteilen und es funktionierte recht gut. Aber als wir bemerkten, dass manche angesichts des Todes unseres Kindes sehr mitgenommen waren und nicht imstande sein würden, in der Kirche etwas zu lesen, entschied ich mich dafür, selbst eine der Fürbitten zu übernehmen. Ich wusste, dass ich die Stärke dazu habe und für Bruno tat ich es gern.

In der Vorbereitung gab uns der Diakon den Tipp, eine Geschichte für die Lesung auszuwählen, wie zum Beispiel eine Passage aus „Der Kleine Prinz" von Antoine de Saint-Exupéry. Der Vorschlag hatte es uns insofern gleich angetan, weil ich Bruno das Buch vorgelesen hatte und nie mehr vergessen werde, wie er mich dabei jedes Mal mit großen Augen angesehen hatte. Wir wählten uns den Teil aus der Geschichte über die Freundschaft des kleinen Prinzen mit dem Fuchs aus. Nachdem ich einen guten Freund gefragt hatte, ob er die Lesung machen würde, wurde mir die Ironie bewusst über die Wahl, genau diesen Freund zu fragen - der Nachname meines guten Freundes ist nämlich zufällig Fuchs. Wir kürzten für die Lesung das Kapitel auf folgenden Text:

Lesung

Da fragte der kleine Prinz:
„Was bedeutet ‚zähmen'?" [...]
„Etwas, das allzu sehr in Vergessenheit geraten ist", sagte der Fuchs. „Es bedeutet ‚Bindungen schaffen'..."
„Bindungen schaffen?"
„Natürlich", sagte der Fuchs. „Noch bist du für mich bloß ein kleiner Junge wie hunderttausend andere kleine Jungen. Und ich brauche dich nicht. Und du brauchst mich auch nicht. Ich bin für dich bloß ein Fuchs wie hunderttausend andere Füchse. Doch wenn du mich zähmst, werden wir einander brauchen. Du wirst für mich einzigartig sein auf der Welt. Ich werde für dich einzigartig sein auf der Welt..." „Langsam verstehe ich", sagte der kleine Prinz. „Es gibt da eine Blume...ich glaub, sie hat mich gezähmt..."
„Das kann schon sein", sagte der Fuchs. [...] Weiters sagte er: „Siehst du da drüben die Kornfelder? Ich esse kein Brot. Korn ist für mich nutzlos. Kornfelder erinnern mich an nichts. Und das ist traurig! Aber du hast gold-blondes Haar. Darum wird es wundervoll sein, wenn du mich gezähmt hast! Weil das Korn goldfarben ist, wird es mich an dich erinnern. Und ich werde das Rauschen des Windes im Korn lieben..." [...]
Und so zähmte der kleine Prinz den Fuchs. Als aber die Stunde des Abschieds näher rückte:
„Ach!", sagte der Fuchs...,,Ich werde weinen."
„Du bist selber schuld", sagte der kleine Prinz, „ich wünschte dir nichts Böses, aber du hast gewollt, dass ich dich zähme..."
„Natürlich", sagte der Fuchs.
„Aber du wirst weinen!", sagte der kleine Prinz.
„Natürlich", sagte der Fuchs.
„Du hast also nichts dabei gewonnen!"
„Ich habe dabei gewonnen", sagte der Fuchs, „denk an die Farbe des Korns." [1]

---

[1] Vgl. de Saint-Exupéry, Antoine: Der kleine Prinz, 21. Aufl., Düsseldorf, Deutschland: Karl Rauch Verlag, 2014, S. 66-71.

Martins Abschiedsrede

Welche Bedeutung dieser Text für uns hatte, erklärte mein Mann Martin in seiner Abschiedsrede für unseren Sohn. Zum Glück ist Martin jemand, der für solche Aufgaben wie geboren zu sein scheint. Er hat mir sogar gleich nach der Diagnose im Krankenhaus schon mitgeteilt, dass er sich gut vorstellen kann, bei Brunos Beerdigung einige Worte persönlich zu sagen. Hier ist der Text, den er selbst geschrieben und vorgetragen hat:

„Worte können nicht ausdrücken, was wir fühlen."
„Mir fehlen die Worte."

Öfters habe ich das gelesen, in den letzten Tagen. Und oft geht es uns so. Uns fehlen die Worte, wir würden gerne was sagen, stehen dann aber in all unserer Emotion und unserem Schmerz an …

Mir geht's auch oft so: Nicht das passende Wort zu finden …
Und manchmal glauben wir auch, es gibt gar keine Worte …

Worte können aber – wenn man sie findet – sehr wohl, sehr wichtig und hilfreich sein. Gerade auch, um Emotion auszudrücken, um sich auszutauschen, um nicht alleine stumm sein zu müssen. Ich weiß nicht, ob es heute und gerade hier gelingt. Es tut mir aber gut, ein wenig von meinen Gedanken auszudrücken. Und ich möchte es, als meinen Beitrag zu dieser Stunde, diesem Tag.

Bruno, als du zu uns gekommen bist – und schon als wir wussten, dass du zu uns kommst - haben wir uns so manches vorgestellt, was wir mit dir machen werden, was wir dir zeigen möchten, was wir dich lehren möchten – und was wir von dir lernen würden. Für vieles davon war die Zeit zu kurz. Für vieles braucht es aber gar nicht viel Zeit. Bruno, einmal deine dunklen Augen sehen, einmal dein Lächeln, deine Aufmerksamkeit … Das sind Augenblicke, Momente nur – und so viel haben wir damit schon erledigt, getan und verstanden.

Du – unser Kind, unser Engel. Du brauchst uns, und du vertraust uns. Und du freust dich – jedes Mal neu, wenn du deine Mama oder deinen Papa hörst, riechst, spürst und siehst. Und das zeigst du uns auch. Und das, das ganz Einfache, das ist das kleine und gleichzeitig große Geheimnis der Liebe. Das durfte ich nochmals neu durch dich erfahren und lernen. Und das hoffe ich, dir gegeben zu haben. Und nun möchte ich das vielen anderen Menschen – vor allem Martina, natürlich – in Zukunft ebenfalls so weitergeben können.

Etwas Weiteres, haben wir u.a. in der Zeit mit dir auch gemacht: Bruno, deine Mama hat dir ein Buch vorgelesen: „Der Kleine Prinz". Und ich weiß, dir hat es gefallen, Mama zuzuhören. Wie ihr im Bett gelegen seid, wie du ihr zugehört hast und gleichzeitig mit großen Augen das Buch über euch und dann wieder deine Mama angesehen hast. Ein weiteres unvergessliches Erlebnis. Umso passender, aus diesem Buch auch den Text für die Lesung zu nehmen. Die wichtigen Dinge im Leben findet man an verschiedenen Orten.

Neben anderen Stellen aus dem Buch passt gerade die von uns ausgewählte besonders gut. Bruno, du warst nur kurz bei uns, aber du hast uns – vor allem mich – „gezähmt". Und du hast damit viele Dinge – die zuvor nichtssagend und damit traurig waren – zu Erinnerungen an dich – und damit letztlich Freude gemacht.

Deine Mama, dein Papa haben sich diese Woche etwas verloren im Haus gefühlt. In einem leeren Haus – ohne dich. Aber es ist kein leeres Haus, das du mit deinem Leben und Tod geschaffen hast. Leer fühlt es sich vielleicht jetzt, in der Trauer, an. Leer, weil plötzlich eine Aufgabe fehlt. Das Haus selbst, das ist aber voll von Erinnerungen an dich: Ob es ein Schaffell ist, eine Decke, die Lampen, die deinen Blick angezogen haben, und einfach viele Dinge und Orte und Bilder, die uns an dich erinnern. Manches davon mag im Abschied jetzt traurig sein, aber in Wahrheit ist es schön. Schön, durch dich noch mehr an Leben, Liebe, Zuversicht und Vertrauen in unser Heim bekommen zu haben.

Der Fuchs gilt als schlau. Und auch er wusste wahrscheinlich schon vor der Zähmung, dass der Abschied traurig sein würde. So wie wir schon länger wussten, dass wir dich nur kurz physisch, zum Angreifen und zu umsorgen haben würden. Aber wir ließen uns dennoch – gerade deshalb – von dir zähmen. Haben „Bindung geschaffen". Wir haben die Zeit mit dir sehr genossen und ich bin froh, nun vieles zu haben, was mich an dich erinnert, was mich dann lächeln lässt, was mich vielleicht auch demütiger werden lässt, was mich (und so hoffe ich, auch Martina und im Prinzip alle, die mit uns gelebt und getrauert haben) schlussendlich zu reicheren Menschen macht. Danke dir, Bruno, dafür.

Nun wünsche ich dir, dass es dir gut geht. Dass du – kleiner Engel – loslassen kannst und es dir im Himmel gut geht. Vielleicht kannst du hie und da ein wenig auf uns schauen – aber hänge nicht zu sehr an uns. In Wahrheit, hast du deine Aufgabe längst erfüllt.

Danke euch allen fürs Herkommen und die Anteilnahme. Danke allen für die Unterstützung, die Gebete und die Hilfe – schon über die letzten Monate hinweg. Diese Woche hat Martina gemeint, sie fühlt sich richtig getragen (und konnte von allen getragen, auch gut schlafen).

Vielleicht wollt ihr auch weiter ein wenig Zeit mit uns verbringen. Nicht alle morgen und die nächste Woche – aber vielleicht dann einfach die nächsten Monate (und Jahre). Wir haben schon gemerkt, in welch tollen Familien wir sind, welch gute Freunde wir haben – die keine Angst hatten, die Zeit hatten. Und wir würden uns freuen, das auch weiter so zu halten.

Und Danke auch all den neuen Menschen, die wir – man muss es so sagen – nur durch die Krankheit kennen lernen durften. Auch diese Bekannt-, fast Freundschaften möchte ich keinesfalls missen. Bruno, du kleiner Engel. Wir waren sehr, sehr gerne für dich da. Du hast uns mit Liebe, Vertrauen und Sanftheit beschenkt. Danke dir. Und nun zum Abschied: Geh mit Gott!

Nach dieser Rede ging Martin noch einmal zum Sarg, berührte ihn und setzte sich dann wieder zu mir in die Kirchenbank. Unser Diakon ergänzte Martins Ausführungen noch sehr einfühlsam und nahm auch Bezug darauf, dass wir Bruno immer wieder „unseren Engel" nannten. Als Engel war er nun ein Fürsprecher im Himmel für uns auf Erden. Dieser Gedanke tröstete uns sehr.

Brunos Sarg auf seinem letzten Weg

Irgendwann war der Zeitpunkt gekommen, um Brunos Sarg hinauszutragen. Martin und ich diskutieren vorab darüber, wer Sargträger sein sollte. Wir wollten dies selbst tun und baten meinen Bruder sowie Brunos Taufpatin (Martins Schwester), uns dabei zu unterstützen. So gingen Martins Schwester und ich voraus und trugen die vordere Seite des Sarges. Martin und mein Bruder trugen die hintere Seite. Wir gingen langsam und behutsam durch die Kirchenbänke und Menschen hinaus, begleitet von der Instrumentalmusik einer Klarinette, die einer meiner Freunde spielte. Ich erinnere mich noch gut an einzelne Gesichter, in die ich beim Hinausgehen blickte. Ich sah und spürte die Betroffenheit und das Mitgefühl. Als wir schließlich bei der Kirchentür angelangt waren, strahlte die Sonne und ich spürte genau, Brunos Geist ist hier. Sonnenstrahlen waren auch in den folgenden Tagen für mich die spürbare Anwesenheit meines Kindes. Vor der Kirchentür wartete bereits das Auto von der Bestattung, um den Sarg zurück zur Bestattung und in weiterer Folge ins Krematorium zu bringen. Im Auto eingeladen, berührte ich den Sarg noch ein letztes Mal und hauchte einen Kuss darauf. Erst im Nachhinein war mir bewusst, dass ich Bruno eigentlich gern noch ein allerletztes Mal im Sarg drinnen gesehen hätte. Die Bestattung hatte uns vorab schon gesagt, dass wir uns so viel Zeit lassen können, wie wir wollen, und keine Rücksicht auf die wartenden Menschen in der Kirche nehmen mussten. Trotzdem traute ich mich in dem Moment nicht, diesen Wunsch zu äußern. So blieb mein letzter Kontakt die Berührung des Sarges. Dann gingen Martin und ich, Arm in Arm, und gemeinsam mit meinem Bruder und Martins Schwester zurück in die Kirche. Kurze Zeit später ging die Abschiedsfeier zu Ende.

Statt eines Totenmahles in einem Gasthaus entschieden wir uns dafür, im Pfarrheim gegenüber der Pfarrkirche Suppe und Brot für alle Anwesenden anzubieten. Martin und ich hatten am Vortag mehrere große Töpfe mit Milchsuppe sowie Kürbissuppe gekocht. Einen ersten Happen pürierten Kürbis durfte Bruno zu Lebzeiten einmal probieren und Milch war ja sein Hauptnahrungsmittel. Wir empfanden diese Wahl daher als perfekt in Gedenken an unser Kind. Es hatten sich so viele Menschen Zeit für die Trauerfeier genommen und wir wollten, dass sie auch unbefangen bleiben konnten und nicht sofort nach Hause fahren mussten, weil wir vielleicht nur im kleinen Kreis im Gasthaus verschwunden wären. Wir bekamen Unterstützung vom Sozialkreis der Pfarre, um die Leute mit der Suppe zu verkösigen. Dadurch hatten wir die Möglichkeit, mit den Menschen, die hergekommen waren, zu sprechen. Wir ließen die Freude zu, so viele Menschen zu sehen, die durch ihre Anwesenheit ihre Anteilnahme zeigten. Bruno war krank und sein Tod war nicht plötzlich. Dadurch konnten wir recht unbefangen und ohne große emotionale Fesseln offen sein für die Gespräche mit den Menschen und den Austausch von Erinnerungen an unser Kind. Wir waren so dankbar für die Anwesenheit von so vielen Freunden, Familienangehörigen, Nachbarn, Arbeitskollegen, usw.. Dieser potentiell herausfordernde Tag hatte sich in eine wirklich schöne Feier zum Gedenken an Bruno entwickelt.

Die Erdbestattung

Etwa eine Woche nach der Trauerfeier war die Urne mit Brunos Asche bereit. Die Urne hatten wir bei der Bestattung vorab ausgesucht. Sie war hellblau mit einem goldenen Bären auf der Vorderseite und aus verrottbarem Material. Für die Beerdigung der Urne wählten wir ein Grab, das als Mustergrab von unserem ortsansässigen Steinmetz speziell für Erdbestattungen von Urnen bereits auf dem Friedhof errichtet worden war. Dadurch bekamen wir es - als angenehmen Nebeneffekt - etwas günstiger. Das Grab war perfekt für uns: ein weißer Naturstein mit einer Rose drauf. Am Tag der Trauerfeier wollte ich, dass alle, die den Wunsch hatten, sich von Bruno zu verabschieden, Gelegenheit dazu bekamen. Bei der Beisetzung der Urne am Friedhof waren wir jedoch allein: nur Martin und ich. Ich wollte mich - egal ob bewusst oder unbewusst - für niemanden verstellen, sondern Bruno in ganz intimer Atmosphäre mit seinem Papa gemeinsam verabschieden.

Ein Herr von der Bestattung brachte die Urne zum Grab am Friedhof und als wir soweit waren, stellte er sie vorsichtig in das vorbereitete Loch in der Erde. Er verabschiedete sich dann und wir waren ein letztes Mal allein mit den sterblichen Überresten unseres Sohnes. Wir hatten Kerzen und Steine für das Grab mitgebracht. Diese stammten von guten Freunden, die ich von meiner Jugendzeit in Hartberg kenne. Sie hatten sich nicht nur darum gekümmert, dass die Trauerfeier musikalisch begleitet wurde, sie hatten uns auch noch ein Geschenk vorbereitet und zur Trauerfeier mitgebracht: bunt verzierte Kerzen und bemalte Steine, die meine Freunde alle selbst gestaltet hatten und die wir sowohl zuhause als auch für Brunos Grab verwenden konnten. Es war nicht nur ein passendes, sondern auch unglaublich rührendes Geschenk, das uns meine Freunde damit gemacht hatten. Ich bin ihnen bis heute so unsagbar dankbar dafür. Die Steine sind nach wie vor auf dem Grab.

Ich hatte auch noch meine Ukulele dabei und spielte kurz „Somewhere over the rainbow" an. Das Lied gefiel Bruno. Als ich es einmal daheim auf der Ukulele gespielt hatte, lag er vor mir auf der Couch und schlief währenddessen einfach ein. Wir hatten es auch bei der Trauerfeier als Auszugslied per CD-Player abgespielt und dann eben noch ein letztes Mal auf der Ukulele an seinem offenen Grab. Vielleicht war auch deshalb der „rainbow" also der Regenbogen, für mich ein Symbol für Bruno geworden. Jahre zuvor durften Martin und ich bei einem Workshop der Katholischen Kirche aus verschiedenen Bildern ein Symbol für unseren Glauben aussuchen. Martin wählte für sich damals einen Regenbogen. Er hat es zwar ein bisschen anders erklärt, aber ich interpretierte seine Wahl damit, dass, auch wenn Gott nicht greifbar ist, seine Anwesenheit trotzdem spür- und sichtbar sein kann. Bei Bruno ging mir dasselbe durch den Kopf. Er war nicht mehr greifbar, aber ich spürte ihn trotzdem bei mir.

Wir blieben noch eine Weile am offenen Grab stehen und gingen dann mit einem etwas seltsamen Gefühl nach Hause. Es war vorbei. Bruno war physisch nicht mehr bei uns und er fehlte mir sehr. Aber wir hatten mit dem Grab am Friedhof nun einen Ort in der Nähe, an den wir gehen konnten, um uns mit ihm verbunden zu fühlen. Gerade in der ersten Zeit und als ich dann wieder zur Arbeit ging, war ich sehr oft am Grab. Dies veränderte sich mit der Zeit jedoch. Nicht, weil ich anfing Bruno zu vergessen, sondern weil das Bedürfnis, zum Friedhof zu gehen, nachließ, da ich meinem Kind ohnehin in vielfältiger Weise in meinem täglichen Leben begegnete.

Soziale Kontakte reaktivieren

Nach Brunos Tod war ich für einen Monat im Krankenstand. Ich fühlte mich meist sehr stark, aber noch nicht imstande, den normalen Alltag in einem Vollzeitjob wieder aufzunehmen. Ich wollte erst meine Kräfte sammeln und mich seelisch soweit fangen, dass ich nicht jederzeit unkontrolliert anfing zu heulen. Ich musste erst mein „neues Ich" kennenlernen und akzeptieren. Ich spürte jedoch genau, dass ich das nicht schaffe, indem ich mich im Haus einsperre und tagelang nur in mein Kissen heule. Ich wollte mein „neues Leben" in die Hand nehmen. Ein Leben, in dem man den Tod akzeptiert hat und nun als Teil der eigenen Lebensgeschichte mitträgt. Sehr wichtig und hilfreich war es dabei, dass ich mich vereinzelt mit Verwandten und guten Freunden traf. Ich konnte diesen Schritt in meinen neuen Lebensabschnitt nicht machen, indem ich allein blieb. Eine Tante von Martin nahm sich zum Beispiel Zeit und besuchte mich einige Tage nach der Beerdigung, um sich mit mir bei uns, auf der Terrasse, ungezwungen zu unterhalten und um zu Mittag in ein Restaurant essen zu gehen. Es war einer von vielen kleinen Schritten in Richtung „normale soziale Aktivitäten".

Der schmale Grat zwischen Freude und Trauer

Bei Begegnungen mit anderen Menschen habe ich mich gedanklich oft selbst in die dritte Person versetzt und mich dann über mich selbst gewundert, wenn es mir gut ging. Hätte mir früher jemand erzählt, dass gerade der sieben Monate alte Sohn einer Frau gestorben war, hätte ich mir eine apathische Person vorgestellt, die ständig weint und keinen Grund dafür hätte Freude zu empfinden. Mittlerweile weiß ich, dass es kurz nach dem Verlust eines geliebten Menschen ein ständiges Auf und Ab geben kann. Den Ausdruck „Achterbahn der Gefühle" habe ich erst zu dieser Zeit zum ersten Mal wirklich verstanden und erlebt. Man darf die kurzen Lichtblicke genießen und Kraft tanken, um das Tal der Tränen zu überstehen. Die Seelsorgerin vom Kinderpalliativteam sagte mir einmal, dass unser Körper und Geist nur so viel Trauer zulassen, wie sie auch imstande sind auszuhalten. Daher verstand ich auch die irritierten Blicke, die ich zum Beispiel von Nachbarinnen bekam, die mich kurz nach Brunos Tod besuchten. Ich spürte, dass sie mein Lächeln nicht nachvollziehen konnten. Tatsächlich freute ich mich über die Gesellschaft und wollte nicht bei Begegnungen mit Menschen ständig negative Gefühle hochkommen lassen und heulen. Einen Tag nach Brunos Beerdigung besuchten wir Freunde in unserer näheren Umgebung, die selbst gerade ein kleines Kind hatten, das etwas jünger als Bruno war. Ich kann nachvollziehen, dass es für andere in ähnlichen Situationen vielleicht unangenehm wäre, aber ich setzte mich diesen Begegnungen bewusst aus, weil ich nicht Angst davor bekommen wollte, kleinen Kindern zu begegnen. Schon bei meinem 10-jährigen Klassentreffen habe ich mich bewusst auf die Situation eingelassen, von kleinen Kindern umgeben zu sein und zum Glück war es auch nach Brunos Tod für mich nicht unangenehm. Für mich fühlte es sich richtig an und andere Menschen sprachen mir sogar Lob dafür aus.

Kurzer Abstecher nach Deutschland

Nach der Trauerfeier verspürte ich den Drang nach einem kleinen Tapetenwechsel und stieg ein paar Tage später in einen Zug nach Stuttgart, um jene langjährige Freundin zu besuchen, die mich einen Monat vor Brunos Geburt besucht und uns zu ihrer Hochzeit kurz zuvor im Oktober eingeladen hatte. Ich habe sie zehn Jahre zuvor in Florida kennengelernt, während wir dort zur gleichen Zeit als Au Pair arbeiteten. Wir hatten über die Jahre sporadisch, aber immer wieder den Kontakt aufrecht erhalten und ich freute mich darauf, sie wieder zu sehen. Sie hatte zu dem Zeitpunkt selbst gerade ein kleines Kind, aber ich machte mir kaum Gedanken darüber, ob ich deshalb Schwierigkeiten haben würde. Ich hatte so gut wie gar keine Berührungsängste oder ich spürte nie ein Gefühl von Neid. Im Gegenteil: Ich freute mich, dass sie und ihr Mann ein gesundes Kind hatten. Ich freute mich vor allem darüber, ungezwungen mit einer Freundin zu reden, die nichts mit unserem näheren Umfeld zu tun hatte und bei der ich mich wunderbar ablenken konnte. Sie verwöhnte mich mit gutem Essen, einem Abendbesuch in einer Therme und einem gemütlichen Filmabend.

Da Martin gleich nach Brunos Trauerfeier wieder seine normale Arbeit aufnahm, war ich alleine in Stuttgart. Ich konnte die Zugfahrt gut nutzen, um den Kopf frei zu bekommen und die wunderschöne vorbeiziehende Landschaft zu bewundern. In mir keimte dabei meine altvertraute Abenteuerlust auf. Ich fühlte mich dazu inspiriert, mir neue geografische Wunschziele zu notieren; durch die Kraft und Freude, die ich vor allem durch Bruno kennenlernen durfte und die ich besonders beim Anblick der Berge spürte.

Wegbegleiter

Ende November lud mich ein langjähriger guter Freund zu einer kleinen Wanderung ein und schenkte mir gleichzeitig Zeit und Raum für gute Gespräche. Am Weg zu ihm weiß ich noch, dass die Sonne durch meine Windschutzscheibe strahlte und das Licht fiel so in die Atmosphäre, dass ich kurz einen kleinen Regenbogen am Himmel sah. In dem Moment wusste ich genau, dass Bruno da war. Bei der Wanderung erreichten wir irgendwann einen kleinen Gipfel und rasteten kurz. Ich erinnere mich daran, dass die Sonne strahlte und ich dabei natürlich wieder intensiv an Bruno dachte. Mein Freund bemerkte dies wohl und sagte: „Es tut ganz schön weh, nicht wahr?" In dem Moment flossen ein paar Tränen, denn er hatte Recht. In dieser Situation fühlte es sich gut und richtig an, Tränen fließen zu lassen. Ich fühlte mich verstanden durch das Wahrnehmen meiner Gefühle ohne Wertung oder Erwartungen. Im Nachhinein habe ich verstanden, dass man für Trauernde die beste Stütze sein kann, indem man sie nicht allein lässt. Nichts kann Geschehenes wieder gut machen, doch man kann den Schmerz wahrnehmen und ihn gemeinsam aushalten. Für diese einfachen Worte von diesem Freund war und bin ich so dankbar. Es sind tatsächlich keine - oft unbeholfenen - Ratschläge notwendig oder Worte, die die Situation herunterspielen würden, sondern Empathie und Aufrichtigkeit.

Ich erinnere mich, dass wir auf dem Rückweg vom Berg herunter über sehr vieles geredet haben und er auch den Ausdruck „Kind verloren" benutzte. Ich weiß noch, dass ich darauf antwortete, dass ich nicht sagen würde, dass ich Bruno „verloren" hatte. Er ist nicht sichtbar, aber für mich ist er immer da und spürbar. Es würde sich falsch anfühlen zu sagen, dass ich ihn verloren hätte. Er ist unser Schutzengel und wacht stets über uns. Auch nachdem mittlerweile einige Zeit vergangen ist, sage ich bewusst nicht „Kind verloren", sondern er ist gestorben. Seine Zeit war gekommen und wir haben ihn gehen lassen, aber er ist nicht verloren. Mein Freund erzählte mir daraufhin, dass Kinder in Afrika andere Mütter oft mit dem Namen des Kindes anreden und in meinem Falle wäre dies „Brunos Mama". Dies sei für sehr feministische Sichtweisen vielleicht ein bisschen extrem, doch wenn man sich mit dieser Kultur auseinandersetzt, versteht man die Wertschätzung dahinter. Es ist etwas Besonderes, die Mutter von jemandem sein zu dürfen. Und er sagte mir, egal was kommen wird: Ich werde immer Brunos Mama bleiben. Dieser Gedanke rührt mich heute noch. So wie ich mein Kind nie vergessen werde, werde ich für immer seine Mama sein. Diesen ehrenvollen Titel darf ich für immer tragen: „Brunos Mama".

Arbeitskollegen

Sehr dankbar war ich für die Unterstützung meiner Arbeitskollegen aus meiner Abteilung. Meine Kollegen haben mir kurz nach Brunos Tod im online verfügbaren Kondolenzbuch eine Nachricht zukommen lassen mit sehr einfühlsamen Worten. Hier nur kurz ein Auszug daraus: *„Martina, wir sind für dich da, lass es uns wissen, wenn wir dich irgendwie unterstützen können. Sei es, um zu reden oder um mit dir zu sein. Nimm dir die Zeit, die du brauchst, und wir freuen uns, wenn du wieder da bist."*

Im Jänner kam ich dann zurück an meinen Arbeitsplatz und wurde von meinen Kollegen mit freundlichen Gesichtern und offenen Armen empfangen. Mein Vorgesetzter wollte möglichst sensibel auf meine Bedürfnisse eingehen und klärte mit mir gleich ab, ob ich mich noch eher schonen wollte oder schon voll in den Arbeitsalltag starten kann und mit Aufträgen ausgelastet werden darf. So eine wertschätzende Haltung war für mich als Arbeitnehmerin ein Traum und ich bin meinem Vorgesetzten so dankbar für seine Sensibilität. Nichtsdestotrotz wollte ich wieder durchstarten und meine Fähigkeiten überall dort einsetzen, wo es Sinn machte.

Ich erinnere mich an eine weitere Situation, in der ich mich beim Mittagessen in der Kantine mit einer Kollegin über ihren kleinen Neffen unterhielt. Ein Kollege aus einer anderen Abteilung, den ich meistens zu Mittag traf, hörte unser Gespräch und fragte mich dabei vorsichtig, ob es denn in Ordnung für mich war über kleine Kinder zu sprechen. Für mich war es zum Glück in Ordnung und ich war froh, dass ich meiner Umgebung den Wunsch vermitteln konnte mich ganz normal zu behandeln.

Gespräch mit Freunden versus Menschenansammlungen

Zugegeben unangenehm waren für mich jedoch Menschenansammlungen. Ich wollte mich in keinen großen Menschenmengen aufhalten. Ich kann nicht genau beschreiben warum, aber es verunsicherte mich, wenn ich inmitten von vielen Menschen unabsichtlich angerempelt wurde und beim Beobachten anderer Menschen einen Anflug von Neid bekam, weil sie scheinbar sorglos vor sich hin leben durften. Da passierte es mir sehr unerwartet, dass ich hilflos in Selbstmitleid verfiel. Auch bei größeren Familienfeiern fühlte ich mich unwohl. Ich hatte das Gefühl, ich verschwand in der Masse, zog mich dadurch automatisch zurück und wurde traurig. Begegnungen im kleinen Rahmen, bei denen ich mich sicher fühlte, waren jedoch wundervoll, aber die Masse wollte ich noch lange meiden.

Sehr grenzwertig war der Besuch mit Martins Geschwistern, Cousinen und Cousins bei einem der Wiener Christkindlmärkte Anfang Dezember. Innerhalb dieser Verwandten fühlte ich mich halbwegs sicher vor der großen Menschenansammlung. Einmal aber stellte ich mich beim WC an und die Verantwortliche für die Anlage dort war eine wohl sehr gesprächige Dame und redete fast jeden kurz an. Als ich vor ihr zum Stehen kam fragte sie, wie weit ich bin. Ich war aufgrund dieser Aussage überrascht und perplex. Ich hatte während der Zeit mit Bruno zwar meine Figur ein bisschen vernachlässigt, aber dass ich schwanger aussehen würde, war doch überraschend. Die Dame setzte noch einen nach und fragte: „Ihr Baby! Wann ist es so weit?" Ich fühlte mich so gekränkt, dass ich einfach nur sagte, dass ich mein Baby verloren hatte. Ich ging ohne ein weiteres Wort an ihr vorbei, weil gerade eine Toilette frei geworden war. Ich versuchte mich zusammenzureißen und ging dann hinaus, ohne irgendjemanden, der die Situation mitbekommen hatte, ansehen zu müssen. Draußen warteten Martins Bruder und Schwester auf mich und ich erzählte ihnen, was ich erlebt hatte. Auch sie waren völlig überrascht, dass jemand glaubte, ich wäre schwanger. Mir stiegen Tränen in die Augen und beide trösteten und beruhigten mich und brachten mich möglichst schnell wieder auf andere Gedanken.

Einmal besuchte ich eine Freundin in Graz. Bei ihr spüre ich einfach, dass sie ein gutes Herz hat, und sie vermittelt mir immer das Gefühl, dass ich ihr alles anvertrauen kann. Wir sind keine dicken Freunde und treffen uns eher selten, aber wenn wir uns treffen, sind wir jedesmal innerhalb kürzester Zeit imstande, tiefgehende Gespräche zu führen. Seit dem Zeitpunkt, an dem wir Brunos Diagnose bekamen, lernten wir schnell, welche Freunde sich als wahre Freunde herausstellten und für uns da waren. Dadurch habe ich auch instinktiv begonnen, Zeit und Energie nur in Freundschaften zu investieren, von der beide Seiten etwas haben. Ich habe aufgehört, Freundschaften zu pflegen, die mich regelmäßig runter zogen und bei denen ich kein gutes Bauchgefühl hatte. Automatisch hatte ich mehr Zeit für fruchtbare und belebende Freundschaften, bei denen man für sich gegenseitig einsteht - egal was kommt.

Diese Freundin aus Graz hat schon einige Aufs und Abs in meinem Leben miterlebt, aber wir haben uns immer gut verstanden und gerne ausgetauscht. An diesem Nachmittag hatte sie Kuchen anlässlich meines Besuchs gebacken und wir saßen gemütlich auf ihrem Balkon und unterhielten uns. Da sie sehr viel religiösen Hintergrund mitbringt, tausche ich mich mit ihr auch gern über den Glauben aus. Ich erzählte ihr an dem Tag, dass ich in dem österlichen Lied „Der Heiland ist erstanden" den Ausdruck „Der Tod hat keinen Stachel mehr" nun in meiner eigenen Weise interpretieren kann. So wie der Tod für mich zuvor unangreifbar war und eher nur mit Angst behaftet, hat er nun für mich tatsächlich seinen Stachel verloren. Ein Tod ist kein Weltuntergang mehr, sondern Teil des Lebens. Und ich habe keine Angst davor, wenn eines Tages mein eigener Weg zu Ende geht. Ich versuche, meine Wünsche und Träume so gut es geht zu leben, mit mir selbst im Reinen zu sein und ich will auf meinem eigenen Sterbebett nichts bereuen.

79

Außerdem wartet mein Sohn im Himmel auf mich. Eines Tages darf ich ihn wiedersehen und in die Arme schließen. Diese Hoffnung ist ein großer Trost und schenkt mir sehr viel Zuversicht.

Irgendwann erinnerte ich mich einmal an ein Gespräch mit einer Schulkollegin während meiner Schulzeit. Ich glaube, es war bereits im Maturajahr. Mich überkam eine seltsame Vorahnung und ich sagte zu dieser Schulkollegin, dass ich glaube, dass ich einmal jung sterben würde. Im Nachhinein würde ich sagen, dass durch Brunos Tod ein Teil von mir gestorben ist und ich deshalb „jung gestorben bin". Ich bin nicht mehr dieselbe wie früher. Doch es ist tröstlich zu wissen, dass es für mich ein weiteres, neues, vielleicht sogar besseres Leben gibt, nachdem mein altes Ich gestorben ist. Den Tod des eigenen Kindes zu erleben, ist eine Erfahrung, die ich niemandem wünschen würde, aber die mich stärker gemacht hat, als ich es mir je hätte vorstellen können.

Neues Ehrenamt

Auf der Suche nach neuen Aufgaben und Herausforderungen ließen Martin und ich uns nach Brunos Tod gemeinsam für die Pfarrgemeinderatswahl im darauffolgenden März aufstellen. Wir waren ein gutes Jahr zuvor in unser Haus nach Premstätten gezogen und wir wollten nach dem Fokus auf unser Kind und unsere Familie uns nun wieder verstärkt in der Gesellschaft einbringen. Wir bekamen von der Pfarre auch sehr viel Unterstützung in der Zeit von Brunos Geburt, Krankheit und Tod. Wir freuten uns darauf, unsere Dankbarkeit durch unser Engagement im Pfarrgemeinderat zeigen zu können. Wir waren es schon jahrelang gewohnt, uns in der Gesellschaft zu engagieren. Nicht umsonst haben wir uns bei der Landjugend kennengelernt und dort beide längere Zeit als ehrenamtliche Funktionäre gearbeitet. Wir wollten diese Motivation wieder aufleben lassen und sprangen ins kalte Wasser, denn wir kannten in der Gegend und im Pfarrgemeinderat noch kaum jemanden. Aber durch diesen Schritt haben wir viele wunderbare Menschen kennengelernt und unglaublich wertvolle Freundschaften geschlossen.

Ein neues Ziel: Südostasien

In der Woche nach Brunos Tod machten wir uns, zwischen den notwendigen Terminen, wie zum Beispiel beim Bestatter, auch auf den Weg ins Reisebüro. Wir trafen die Entscheidung, für einen Monat nach Südostasien zu reisen. Es war mein Wunsch, Weihnachten entweder mit Bruno zu dritt zu Hause zu verbringen oder im Falle seines Todes mit Martin über die Feiertage zu verreisen. Ich wollte nicht zuhause, von einem trauernden Umfeld umgeben, Weihnachten verbringen. Stattdessen wollte ich die Zeit lieber nutzen, um unsere Gedanken zu sortieren, den Kopf frei zu bekommen sowie von unbefangenen Menschen umgeben zu sein und Zeit als Ehepaar zu verbringen.

Einerseits begleitete mich all die Trauer, die mich immer wieder überwältigte und oft aus dem Nichts auftauchte, aber andererseits habe ich mir Gedanken darüber gemacht, was nun für uns, als sozusagen kinderloses Paar, wieder möglich war. So wie ich zu Brunos Lebzeiten wollte, dass er ein glückliches Umfeld erlebt, wollte ich auch nach seinem Tod, dass er stolz auf uns sein kann und sich nicht schlecht fühlen muss, weil er von uns gehen musste. Ich spürte nach wie vor eine starke Verbindung zu ihm. An jedem Tag und mit jedem Schritt war ich davon überzeugt, dass er stets als Schutzengel über uns wacht und uns begleitet.

Nepal

Anfang Dezember starteten wir unser gemeinsames Abenteuer. Wir flogen von Wien nach Kathmandu und blieben knapp vier Tage in Nepal. Wir hatten eine Gruppentour gebucht und wanderten für drei Tage in der Gegend rund um Kathmandu. Da sich aber niemand sonst zu diesem Termin angemeldet hatte, hatten wir einen Touristen-Guide für uns allein. So hatten wir viel Zeit, um als Paar unterwegs zu sein und diese andersartige Kultur zu genießen. Dazu gehörten immer wieder eine heiße Tasse Tee, die Sonnenauf- und Sonnenuntergänge, die majestätischen Berge, die freundlichen Menschen, ihr inspirierender, einfacher Lebensstil und noch vieles mehr. Wir hatten zwar unsere Trauer als kleinen Rucksack mit dabei, aber sahen gleichzeitig neben der Schönheit der Landschaft auch, wie andere Menschen Tragödien erleben.

Die zweite Nacht in Nepal verbrachten wir in Chisapani, einem winzig kleinen Bergdorf mit nur wenigen Häusern. Eines davon war unsere Herberge. Die fröhlichen, bunten Farben der Häuser waren ein wunderschönes Fotomotiv, doch auf den zweiten Blick sah man, dass nur etwa vier Gebäude bewohnbar waren. Durch die schweren Erdbeben ab Ende April 2015 lagen mehrere Gebäude in Trümmern und waren unbewohnbar. Es standen nur noch die schwer beschädigten Ruinen als tägliche Erinnerung an diese tragische Katastrophe. Viele Menschen waren bei diesem Erdbeben gestorben und die Regierung hatte nicht die Mittel, um all die beschädigten Gebäude wieder aufzubauen. Die Menschen dort waren trotzdem frohen Mutes und ich war schwer beeindruckt von dieser Mentalität und der Zuversicht. Unsere Situation erschien so unscheinbar klein angesichts solch enorm großer humanitärer Katastrophen. Wir sprachen mit den Menschen über ihre Absicht, Schulen wieder aufzubauen und zwei Tage später erzählte uns ein Taxifahrer, wie viele Menschen ihr Dach über dem Kopf verloren hatten und nun über lange Zeit bereits in Not-Zelten untergebracht waren. Wir hatten „nur" ein Kind zu Grabe getragen und rundherum so viel Unterstützung bekommen. Diese große Herausforderung erschien plötzlich so klein. Wir fühlten uns nach dieser kurzen Zeit in Nepal viel demütiger und die Reise ging für uns weiter.

Mit Reisegruppe durch Kambodscha und Vietnam

Wir flogen weiter nach Bangkok. Wir hatten eine günstige, englischsprachige Rucksacktour in Form einer Gruppenreise gebucht, die sich über Weihnachten und Silvester hinzog. Fernab von all den Dingen, die uns monatelang beschäftigt hatten, fühlte ich mich nach langer Zeit endlich nicht mehr einzig und allein als Mutter eines kranken Kindes, sondern ich fühlte mich jung und lebendig. Ich hatte das Gefühl, ich bin wieder ich - mit neuen

Erfahrungen, aber gedanklich frei wie zu früheren Zeiten. Ich hatte in der Vergangenheit schon Reisen in kleinen Gruppen unternommen und das war in unserer Situation das Beste, was wir tun konnten.

Wir lernten in Bangkok unsere Reisegruppe kennen, mit der wir die nächsten 20 Tage verbrachten. Eine bunte Mischung von jungen Menschen unter 35 Jahren aus Deutschland, den USA, Rumänien, Südafrika, Neuseeland, Australien und Großbritannien. Unsere Gruppenleiterin war aus Kambodscha. In der gemeinsamen Zeit lernten wir verschiedene Kulturen kennen, feierten ausgelassen und schlossen wundervolle neue Bekanntschaften. Wir wuchsen zusammen wie eine kleine Familie. Auf der Tour, die uns quer durch Kambodscha und Vietnam führte, erlebten wir viele aufregende Abenteuer. Die einfachen Quartiere und die abenteuerlichen Nachtzüge erwähne ich gar nicht ausführlicher. Was uns viel mehr wieder auf den Boden geholt hat, war die recht junge Kriegsgeschichte dieser Länder. Die Killing Fields und ein Besuch in einem Gefängnis in Kambodscha hatten uns unfassbar große menschliche Tragödien gezeigt. Ich will Kambodscha nicht nur auf die Tragödie reduzieren, aber man merkte, dass die Menschen ihre Geschichte erst aufarbeiten müssen. Wenn die Bevölkerung eines Landes radikal um mehr als die Hälfte reduziert wird, fällt mir nur das Wort „unfassbar" ein. Aber man muss sich den Tatsachen stellen und darf sie nicht totschweigen. Trotz dieser dramatischen Vergangenheit schienen die Menschen so optimistisch und fröhlich zu sein. Sie haben nicht nur die großartige Tempelanlage Angkor Wat als Sehenswürdigkeit zu bieten, sondern das Land bietet so viel mehr und die Menschen sagten uns auch immer wieder (wie auch in Nepal): „Erzählt zuhause von uns! Wir freuen uns, wenn noch mehr Menschen hierher kommen und uns besuchen!" Gerade solch positive Begegnungen sind mir in Erinnerung geblieben und bestätigten uns, dass wir die richtige Entscheidung mit diesem Reiseziel getroffen hatten.

Weihnachten verbrachten wir im Mekong-Delta im Süden von Vietnam. Wir übernachteten bei Bauernfamilien in sehr einfachen Unterkünften. Zuvor wurde noch gemeinsam gekocht, gegessen und wir tauschten Wichtelgeschenke innerhalb der Gruppe aus. Als alle auf ihren Matten lagen, um zu schlafen, spürte ich zum ersten Mal auf der Reise eine Träne hochkommen. Ich hatte die Tage bis dahin sehr genossen und beim Anblick eines kleinen

Regenbogens auch Brunos Anwesenheit ganz deutlich gespürt, doch an Heiligabend spürte ich auf einmal die mittlerweile vertraute und herzzerreißende Trauer um mein Kind. Ich ließ leise ein paar Tränen fließen und damit war dann auch wieder alles in Ordnung. Ich möchte gar nicht daran denken, wie es gewesen wäre, ein normales Weihnachtsfest wie jedes Jahr zu verbringen, mit der Trauer, die ich nun in mir trug.

Ich war so dankbar für die vielen schönen Erlebnisse auf der Reise. Ich würde keinesfalls generell sagen, dass es notwendig ist, in der Trauer nach einem Todesfall in ein armes Land zu reisen und sich andere Schicksale vor Augen zu führen. Wir hatten bei der Auswahl des Reiseziels auch darüber gesprochen, nach Indien zu fahren, aber wir waren der Ansicht, dass eine Reise in ein Land mit so extrem viel Armut unseren Rucksack noch ein bisschen schwerer gemacht hätte. Es ist ein Balanceakt, den richtigen Weg für sich persönlich zu finden, und man sollte auf jeden Fall auf das eigene Bauchgefühl hören. Das Wichtigste ist, dass es einem mit der eigenen Entscheidung gut geht und man es zulässt, sich selbst Gutes zu tun. Möglicherweise wäre auch ein Monat auf einer Alm eine tolle Variante gewesen, aber da wir schon immer gerne gereist sind und Freude daran haben, unseren Horizont zu erweitern, wollten wir neue, exotische Länder kennenlernen, in denen wir noch nie zuvor waren. Während der Reise war ich vor allem dankbar für die Gegenwart von freundlichen Menschen, die unbefangen mit uns umgingen und bei denen ich selbst entscheiden konnte, wem ich unsere Geschichte mit Bruno erzähle und wem nicht.

Unsere Herberge in Chisapani

Oben: Unterwegs in Nepal, umgeben vom Himalayagebirge;
Mitte: Blick auf das, von Erdbeben stark beschädigte Bergdorf Chisapani;
Unten: Weihnachtssterne in Kathmandu

Oben: kurz nach Son-
nenaufgang in Angkor
Wat, Kambodscha

Links: ein Christbaum
am Bahnhof von Ho-
Chi-Minh-City, Vietnam

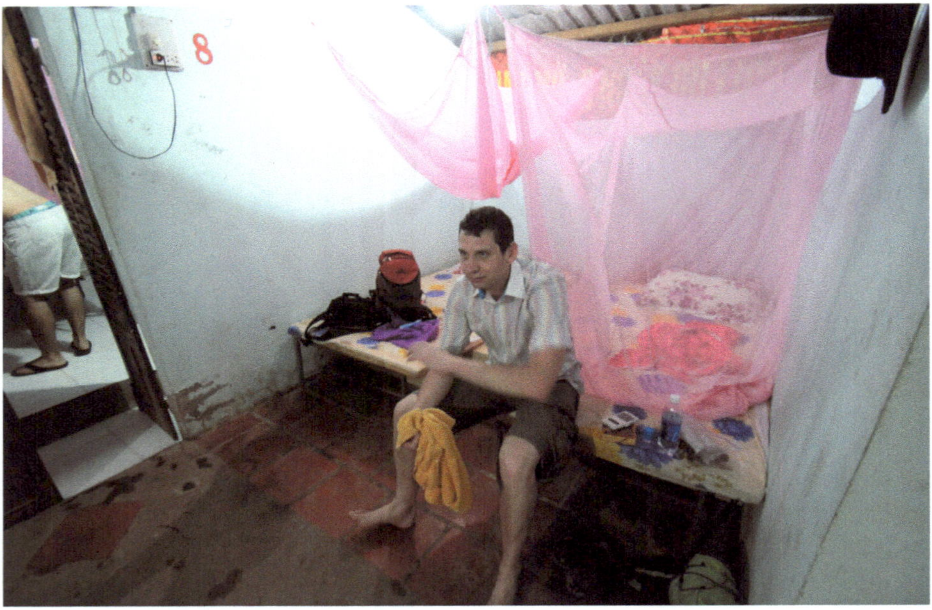

Oben: unser Schlafplatz an Heiligabend im Mekong-Delta, Vietnam
Unten: auf einem Schiff in der Halong Bucht,
ein UNESCO-Weltnaturerbe im Norden von Vietnam

Zurück in den eigenen vier Wänden

Als wir nach Hause kamen, ereignete sich etwas, von dem ich lange überlegte, ob ich es in diesem Buch überhaupt erwähnen sollte. Es liest sich aus meiner persönlichen Sicht wie ein Angriff auf jemanden, der in Wirklichkeit ohne böse Absichten handelte. Doch durch dieses Ereignis ist nicht nur ein enormer Eingriff in meine Privatsphäre, sondern auch in meine, bis dahin gut verlaufene Trauerarbeit passiert. Wenn ich es verschweige, würde etwas von der gesamten Geschichte fehlen und wenn nur einer einzigen Familie oder Mutter dieser Schmerz erspart bleibt, weil Angehörige durch meine Erzählung ein besseres Verständnis aufbringen können, hat es sich gelohnt, ehrlich zu sein.

Wir kamen nach unserer Reise am Flughafen in Wien an und wurden von zwei Leuten aus unserer Familie abgeholt. Sie brachten uns nach Hause und wollten uns auch noch unbedingt zum Friedhof an Brunos Grab bringen. Ich nehme an, dass es manchen ein Bedürfnis ist, gemeinsam zum Grab zu gehen, aber mir war es, ehrlich gesagt, unangenehm. Ich möchte mich nicht dazu zwingen lassen, weil der Gang zum Grab für mich eine sehr persönliche und intime Angelegenheit ist. Daher bin ich lieber alleine dort. Jedenfalls kamen wir letztendlich dann doch zu Hause an und schickten unsere Fahrgelegenheit auch gleich wieder auf den Heimweg, damit wir erst einmal in Ruhe ankommen konnten. Doch im Haus wartete eine unangenehme Überraschung.

Der Gefühlsausbruch, den ich dann erlebte, war heftig. Ich bin mir bewusst, dass ich nicht die ordentlichste Person bin, und ich habe viele Dinge bei unserer Abreise einfach liegen lassen. Mit der frischen Energie von der Reise freute ich mich auf meine gewohnte Umgebung und konnte es kaum erwarten, mich auf meine Hobbys und Angelegenheiten zu stürzen. Ich wollte da weitermachen, wo ich Anfang Dezember aufgehört hatte. Doch alles war weg. Zwei Menschen aus unserem Umfeld, die wussten, wo wir für Notfälle einen Haustürschlüssel versteckt hatten, verschafften sich Zutritt in unser Haus und hatten es von oben bis unten zusammengeräumt, geputzt, ja sogar das Bett in unserem Schlafzimmer (das eigentlich vor der Abreise frisch überzogen war) abgezogen, gewaschen und neu überzogen. Die unberührte ausgezogene Couch im Wohnzimmer, auf der wir uns alle von Bruno verabschiedet hatten, war wieder zusammengeklappt und die Decken und Polster waren neu arrangiert. Die Verantwortlichen dachten, sie tun uns damit etwas Gutes. Das war allein schon durch eine dekorierte Sektflasche, die auf dem Esstisch auf uns wartete, sichtbar. Da hier also nichts böswillig geschah, will ich niemanden verurteilen, sondern den für mich entstandenen emotionalen Schmerz einfach nur erklären. Für mich war es, mit einem Wort beschreibend, eine Katastrophe. Ich empfand es als maßlose Grenzüberschreitung in meine Privatsphäre und wollte die Sektflasche auf dem Esstisch vor Wut am liebsten sofort gegen die Wand schmeißen. Ich fand mich am 8.11., nachdem Bruno von den Bestattleuten abgeholt worden war, in einem leeren Haus wieder. Dieser Schmerz war so unsagbar herzzerreißend und ich hoffte, dass ich das nie mehr wieder erleben musste. Doch an dem Tag, an dem wir von der Reise nach Hause kamen, erlebte ich diesen Schmerz in gleicher Intensität wieder. Ich war erneut in einem leeren Haus. Diesmal nur völlig unerwartet. Der sichere Hafen, auf den ich mich nach der Reise freute, war zerstört.

Ich kann von meiner Erfahrung berichten, dass ich nach Brunos Tod manche Dinge schnell abschließen und wegräumen konnte, die ich mit ihm verband und andere brauchten ihre Zeit. Ein letztes Mal eine Ladung Stoffwindeln zu waschen, brach mir damals das Herz und ich weinte ununterbrochen, während ich Brunos Windeln in die Waschmaschine gab und später zum Trocknen aufhängte. Kleidung, die wir für Bruno ausgeliehen hatten, konnte ich wiederum problemlos zusammenpacken und zurückgeben. Doch durch die aufgezwungene Putzaktion außenstehender Personen wurde ich meines eigenen Tempos, Dinge loszulassen, beraubt. Jeder trauert auf seine eigene Weise und niemand weiß, was für eine trauernde Person Erinnerungen hervorruft. Deshalb kann jeder unerwünschte Eingriff eine Katastrophe für das Gefühlsleben eines trauernden Menschen bedeuten. Ich fühlte mich beim Nachhausekommen richtig verloren und lag lange Zeit heulend, schluchzend und schreiend am Boden und konnte Erinnerungsstücke an mein Kind nicht mehr finden. Zu meinem großen Pech war ein unscheinbares, aber für mich sehr wichtiges Erinnerungsstück auf meinem

Nachttisch neben dem Bett im Müll gelandet und der Müll wurde von den Verantwortlichen mitgenommen. Es wurde mir dann einige Tage später wieder kontaktlos übergeben und ich fühlte Scham, Ärger und Wut darüber, dass dieser, für mich wertvolle Gegenstand keine Würdigung fand, im Müll landete und ich ihn nun zurückverlangen musste. Ich kann mir vorstellen, dass ich nach einigen Wochen oder Monaten bereit gewesen wäre, dieses Erinnerungsstück loszulassen, aber diese Möglichkeit wurde mir genommen und obwohl es diesen großen Wert für mich verloren hatte, weil es bereits im Müll gelandet war, bringe ich es bis heute (vier Jahre später) nicht übers Herz, es von meinem Nachttisch wegzunehmen. Ich fühle dabei zu viel Angst und erinnere mich an den Schmerz, dass ich Erinnerungsstücke an mein Kind nicht eigenständig nach und nach loslassen durfte.

Der Tag, an dem wir von unserer Reise nach Hause kamen, war ein Freitag. Ich telefonierte sofort mit meiner Palliativbetreuerin und sie besuchte mich am nächsten Tag, damit ich mich bei ihr aussprechen konnte. Ich war so traurig darüber, dass alle Stärke und Zuversicht von der Reise mit diesem einen Ereignis plötzlich wieder verloren zu sein schien. Ich hatte geplant, am Montag nach der Reise wieder Vollzeit in die Arbeit zurückzukehren. Ich musste das gesamte Wochenende alle in mir verfügbaren Kräfte so gut es ging sammeln und mir Hilfe suchen, um nicht erneut in den Krankenstand gehen zu müssen. Letztendlich habe ich es mit Müh' und Not geschafft, wie geplant am Montag wieder arbeiten gehen zu können, aber der Bruch zu den beiden Menschen, die diese unüberlegte Aktion durchgeführt hatten, war enorm und brauchte viel Zeit, um in eine halbwegs normale Umgangsform zurück zu finden. Dazu nahm ich auch professionelle Hilfe in Anspruch und ging sowohl allein als auch mit Martin gemeinsam zur Psychotherapie. Ich vermied jeglichen Kontakt für längere Zeit mit den betreffenden Personen. Ich hatte diesbezüglich auch immer wieder Auseinandersetzungen mit Martin, weil er nicht imstande war, meine emotionale Last nachvollziehen zu können und sich daher ständig zwischen den Parteien befand. Dadurch wurde ich mir unsicher, ob er hinter mir stand oder immer wieder nur versuchte, das Verhalten anderer zu rechtfertigen.

Es war und ist ein langer Weg, damit eine solche Verletzung eine Chance hat zu heilen. Ich will diese Zeilen auch nicht verwenden, um Menschen zu beschuldigen, sondern meine Gefühlswelt ehrlich zu beschreiben und andere damit hoffentlich zu sensibilisieren. Das nähere Umfeld von Trauernden hat sehr viel Einfluss, und Eingriffe jeglicher Art sollten gut durchdacht und besprochen sein. Die Unterstützung und Hilfe ist wertvoll, doch man kann mit diesem Einfluss noch viel mehr Leid und Schmerz verursachen, wenn man den nötigen Abstand und Respekt übersieht und nicht sensibel genug vorgeht. Man sollte auf jeden Fall genau darauf hören, was Trauernde wirklich brauchen und nicht unbedacht handeln, um einer eigenen Hilflosigkeit entgegenzuwirken.

Ein Trauerfall verursacht Hilflosigkeit in so vielen Varianten und Umfeldern. Ich denke, dass richtige Hilfe nur von unbeteiligten Außenstehenden kommen kann, die emotional nicht direkt betroffen sind. Jemand, der selbst trauert, ist womöglich von den eigenen Gefühlen so gefangen, dass klares Denken nicht mehr möglich ist. In unserem Fall hat dies zu sehr verletzenden Handlungen geführt.

Zumindest bin ich zuversichtlich, dass eine Grenzüberschreitung in diesem Ausmaß nicht mehr passieren wird, da die Betroffenen ihr Verhalten natürlich sehr bedauern und sie mir das auch immer wieder, zum Teil sehr aufdringlich, mitteilten. Doch das einzige Mittel ist Zeit und Abstand sowie eine Bereitschaft, aus den Fehlern zu lernen.

Bruno erfüllt uns einen Wunsch

Wir wussten, dass es in unserem Fall riskant ist, erneut ein Kind zu bekommen, doch wir entschieden uns dafür, das Risiko einzugehen. Wir genossen die Zeit zu zweit sehr, besonders unterwegs auf den Reisen, doch es ist für uns nichts, verglichen mit der Freude, die wir kennenlernen durften, als wir Eltern geworden sind. Vielleicht wäre manches einfacher, wenn wir darauf verzichtet hätten und das Kapitel Kinderkriegen abgeschlossen hätten, doch wir entschieden uns für einen weiteren Versuch. Hätte es nie geklappt und wären wir von vorn herein kinderlos geblieben, hätten wir damit auch gut leben können, aber es war für uns ja grundsätzlich möglich.

In Wirklichkeit wollten wir sofort ein weiteres Kind, als wir die Diagnose bekamen. Welche Faktoren dazu beitrugen, dass es so lange nicht funktionierte, kann ich nicht mit Sicherheit sagen. Im Nachhinein war es gut, dass wir uns zu Brunos Lebzeiten vollständig auf ihn konzentrieren konnten. Wir mussten uns der Angst stellen, von einem Tag auf den anderen wieder ein kinderloses Paar zu sein. Bei der Diagnose dachte ich nur, dass ich nun, da wir ein Kind hatten, nicht mehr ohne Kind sein wollte. Bruno war ein einmaliger, wundervoller Sohn und Schatz und nichts auf der Welt kann ihn ersetzen. Es ist vielmehr das Gefühl, Eltern zu sein, das uns so viel Freude bereitete und wir hatten Angst davor, wie es sein wird, wenn Bruno gestorben war. Doch wir hatten keine Wahl. Bruno starb und wir waren wieder auf uns alleine gestellt. Und es war in Ordnung. Die Welt brach nicht vollkommen zusammen, sondern in unserem Leben wurde ein neues Kapitel aufgeschlagen. Wir machten das Beste daraus und genossen die Zeit zu zweit als Paar. Die Hoffnung auf ein weiteres Kind blieb jedoch aufrecht.

Da ich im Urlaub Sorgen und Alltagsstress gut hinter mir lassen konnte, hoffte ich während der Reise in Südostasien auf ein kleines Wunder. Ich versuchte in Gedanken immer wieder, Bruno um Unterstützung zu bitten, damit er uns hilft und ein Geschwisterchen schickt, das hoffentlich nicht krank ist. Am Ende der Reise erfüllte Bruno unseren Wunsch nach einem Kind tatsächlich. Ohne große Hoffnungen machte ich Ende Jänner einen

Schwangerschaftstest und er fiel positiv aus. Nach dem monatelangen Hoffen wurde uns der Wunsch erfüllt und ich war in dem Moment dennoch völlig perplex.

Ich blieb vorsichtig optimistisch, da wir ja noch keine Garantie hatten, dass dieses Kind gesund ist. Wir behielten die Neuigkeiten einige Wochen für uns. Während der ersten Ultraschalluntersuchungen sahen wir ein neues Herz schlagen, ein neues Individuum und dieses kleine Zwerglein war - im Gegensatz zu Bruno - schon im Mutterleib von Beginn an viel aktiver. Ich blieb dennoch nur vorsichtig optimistisch. In der ungefähr elften Schwangerschaftswoche konnten wir schließlich eine Chorionzottenbiopsie durchführen lassen. Der Eingriff war sehr unangenehm und Martin saß währenddessen neben mir. Ich zerquetschte seine Hand wohl fast, um die Anspannung loszuwerden und möglichst viel Ruhe und Luft in den Bauch fließen zu lassen. Am Monitor sahen wir die Nadel, die durch meinen Bauch gestochen wurde, um eine Probe von der Plazenta zu entnehmen. Zum Glück war am Bauch danach so gut wie nichts zu sehen und der Eingriff verlief ohne Komplikationen. Doch wir mussten dann nochmal fast vier Wochen auf das Ergebnis warten, aber unser Bangen hatte irgendwann endlich ein Ende und unsere Hoffnung wurde erfüllt: Wir durften uns tatsächlich auf ein gesundes Kind freuen. Und so kam im Oktober 2017 Brunos kleine Schwester zur Welt.

So wie mit Bruno, schätzen wir auch bei unserer Tochter jeden einzelnen Tag, jeden Moment wirklich sehr. Diesmal haben wir andere Zukunftsperspektiven für unser Kind, aber wir bleiben für jeden gemeinsamen Moment dankbar. Wir haben durch die ganze Erfahrung gelernt, viel bewusster zu leben und nichts als selbstverständlich hinzunehmen. Genau diese Haltung wollen wir auch unserer Tochter vermitteln. Wir sind viel dankbarer geworden für alles, was uns geschenkt wird. Egal, ob eine gesunde Tochter unserer Familie geschenkt wurde oder ein kleiner Schutzengel, der im Himmel über uns wacht und den wir eines Tages wieder in die Arme schließen dürfen. Ich würde uns als glückliche Familie bezeichnen, deren Mitglieder sowohl hier auf Erden als auch im Himmel leben. Wir lernen alle voneinander und versuchen das Beste zu machen aus allem, womit Gott unser Leben bereichert.

Wertvolle Hilfe für die weitere Zeit

Die Zeit, in der Bruno bei uns war, verblasst ein bisschen, doch ich habe gelernt, dass man auch Hilfe in Anspruch nehmen kann und soll - selbst wenn es so scheint, als würde Gras über die Sache wachsen. Manche Angelegenheiten, so wie nach der Rückkehr aus unserem Urlaub, bedürfen besonders viel Arbeit. Um dieses Erlebnis aufzuarbeiten, brauchte ich psychologische Hilfe und ging ein paarmal zur Therapie. Dies war vor allem deshalb wichtig, weil wir ein weiteres Kind erwarteten, und wir unser Kind nicht mit unnötigen Altlasten konfrontieren wollten. Martin und ich mussten lernen, uns unsere Sorgen und Ängste verständlich mitzuteilen.

Mir wurde recht bald auch eine Selbsthilfegruppe für Sternenkind-Eltern empfohlen, doch ich spürte, dass ich dazu noch Zeit brauchte. Mittlerweile gehe ich sehr gerne zu dieser Gruppe. Es ist einfach so schön, sich respektvoll und ehrlich miteinander austauschen zu können. Man fühlt sich verstanden und begegnet sich mit so viel Wertschätzung.

In dieser Gruppe erhalten Sternenkind-Eltern auch Erinnerungsstücke, die von freiwilligen Ehrenamtlichen angefertigt werden. Diese Gruppen bzw. Vereine versorgen viele Krankenhäuser und andere Einrichtungen und Personen (wie z.B. Sternenkindfotografen) mit Erinnerungsstücken und Kleidung. Ich hatte nach Brunos Tod mit einer dieser Gruppen gleich Kontakt aufgenommen, weil ich das Gefühl hatte, dass ich anderen helfen wollte, die nicht so viel Glück hatten wie wir. Wir hatten sieben Monate Zeit, um Bruno kennenzulernen und Erinnerungen mit ihm zu schaffen. Andere Familien werden mit einem plötzlichen Tod vor, während oder kurz nach der Geburt konfrontiert. Diese Familien haben kaum etwas, um sich an ihr Kind zu erinnern und können Unterstützung meist sehr gut gebrauchen. Kontakte zu Selbsthilfegruppen, Sternenkindfotografen und unterstützenden Vereinen sind im Anhang gelistet.

Im LKH Graz wird seit einigen Jahren am Samstagabend vor dem „Worldwide Candle Lighting Day" (= weltweiter Gedenktag für verstorbene Kinder; zweiter Sonntag im Dezember) ein Gottesdienst für Sternenkinder organisiert. Direkt nach Brunos Tod 2016 waren wir ja gerade auf Reisen in Südostasien, aber in den darauffolgenden Jahren war ich zweimal dabei und es ist unglaublich berührend. Am Weg zur Kirche wurden Sterne gestreut und Kerzen angezündet und jedes Mal überlegen sie sich ein anderes Thema, zu dem sie den Gottesdienst gestalten. Er wird mit wunderschöner Musik umrahmt und alle Sternenkinder, die im vergangen Jahr verstorben sind und die im LKH Graz betreut wurden, werden bei diesem Gottesdienst namentlich vorgelesen. Man spürt die Verbundenheit mit all den anderen Familien, die um ein Kind trauern. Die Organisatoren gestalten diesen Gottesdienst mit so viel Liebe und Feingefühl. Es ist traurig und gleichzeitig so schön, an einem solchen Gottesdienst teilzunehmen. Ich denke, es ist für viele Familien ein Trost, nicht alleine zu sein und die Würde und Wertschätzung gegenüber ihrem Kind spüren zu dürfen. Ich bin auf jeden Fall sehr dankbar für diese Initiative.

5 Jahre später - wie würde die Diagnose nun aussehen?

Wie schön und gleichzeitig traurig ist diese Nachricht: Ein Kind mit SMA Typ I wird durch eine Injektion gerettet. Es scheint ein Wunder zu sein, dass eine Familie diese Behandlung bekommen durfte. Gleichzeitig frage ich mich, ob wir es mit Bruno geschafft hätten. Ich höre plötzlich wieder Martins Worte in meinen Ohren direkt nach der Diagnose: „...ein paar Jahre zu früh auf die Welt gekommen, um ihm helfen zu können...". Wir wussten damals, dass es Forschungen gab, aber diese waren gerade stillgelegt und waren für uns keine Option. Es ist so schön, dass andere Familien nun hoffen dürfen, aber zum Teil zu einem finanziell sehr hohen Preis, ohne zu wissen, wie es weitergehen wird, wie alt das Kind auch mit Behandlung überhaupt wird, usw..

Ja, ich bin traurig, wenn ich an unsere Situation denke: Wir hatten keinen Grund zur Hoffnung und haben uns auch keine Hoffnung gemacht. Vielleicht haben wir ihn zu früh aufgegeben, aber selbst wenn wir gekämpft hätten und er zumindest zwei Jahre alt geworden wäre (wie es als Erfahrungswert berichtet wurde), hätte es Hilfe in dieser Form noch nicht gegeben. So vieles war zu früh: die Diagnose, der Tod, das Ende seines irdischen Lebens. Wir haben so viel so gut gemeistert, aber die Trauer ist noch immer überwältigend und wird es wohl immer bleiben. In solchen Momenten vermisse ich ihn mehr, als ich mit Worten beschreiben kann. Und doch - wenn ich mir vorstelle, heute in diese Situation zu kommen, wäre es viel schwerer.

Eine Rettung für ein krankes Kind für einen Millionenbetrag, der das Leben verlängert ohne zu wissen, für welchen (tatsächlichen) Preis? Wenn es diese Hilfe nun gibt, hat man eine fürchterliche Entscheidung zu treffen, die eigentlich niemand treffen kann - das Kind mit allen Mitteln am Leben erhalten, oder das Kind sterben lassen mit dem Wissen: Es hätte eine Möglichkeit zur halbwegs normalen Lebensverlängerung um ein paar Jahre gegeben. Schon ist man mittendrin im Gewissenskonflikt mit vielen ethischen und religiösen Fragen. Ich finde, dass die Entwicklung der Medizin in vielen Bereichen ein wahrer Segen ist, aber der derzeitige Stand bei einer Krankheit wie spinaler Muskelatrophie, speziell bei Typ I, manövriert Familien, die mit einer solchen Diagnose konfrontiert werden, in eine fürchterliche Lage. Ich frage mich, ob man die Behandlung mit dieser unglaublich teuren Medizin mit dennoch ungewissem Ausgang so einfach verweigern kann, ohne dafür verurteilt zu werden und ohne Gewissensbisse, für sozusagen unterlassene Hilfe, zu bekommen oder verurteilende Meinungen von anderen zu hören. Und überhaupt: Wann ist ein Leben lebenswert? Unter welchen Umständen soll jemand „künstlich" leben können? Wann sollte das „Ablaufdatum" eines Individuums angenommen werden und wann sollte es mit allen möglichen Mitteln verlängert werden? Wie darf/muss dieses verlängerte Leben dann aussehen? Die Bandbreite von völlig gesund bis Intensivstation und leben durch Maschinen ist ja sehr groß. Ich bin der Ansicht, dass es definitiv keine eindeutige Antwort für solche Fälle gibt. Jede Familie, jeder Mensch, jede Situation ist anders zu beurteilen und sollte niemals verurteilt werden.

Unterm Strich bin ich ehrlich gesagt dankbar, dass ich diese Situation mit Bruno bereits ein paar Jahre früher durchleben musste und nicht heute; einige Fragen stellten sich dadurch einfach gar nicht. Wir haben durch die ganze Erfahrung so vieles gelernt. Wir sind viel dankbarer geworden für alles, was uns geschenkt wird. Gleichzeitig hat sich in unserem Verhalten und vor allem bei meiner Sensibilität einiges verändert. Viele oft salopp dahin gesagte Äußerungen fühlen sich nun schmerzhaft an. Sehr oft höre ich bei der Frage an Schwangere „Bub oder Mädchen?" als Antwort: „Egal - Hauptsache, das Kind ist gesund!" Welchen Wert hatte dann mein Kind? Es fühlt sich an wie ein kleiner Stich ins Herz. Denn selbst, wenn ein Kind nicht gesund ist, soll es geliebt werden wie ein gesundes - vielleicht sogar noch mehr. Etwas provokanter kann ich vielleicht sogar sagen: Ich habe das Gefühl, dass wir in diese knapp sieben Monate mehr Zeit, Liebe und Leben investieren konnten, als Familien, die in ihren alltäglichen Abläufen so gefangen sind und zu spät erkennen, dass sie das Aufwachsen ihres Kindes verpasst haben. Natürlich würde es mir nicht einfallen, dass ich mir ein krankes Kind wünsche, sondern ich wünsche mir mehr Gelassenheit und Offenheit für alles, was das Schicksal für jeden Einzelnen bereithält. Nach der Geburt meiner Tochter und allem, was wir erlebt hatten, bekam ich trotzdem noch Aussagen zu hören wie: „...und jetzt kann das zweite Kind auch gleich kommen." Für mich ist unser Mädchen mein zweites Kind und das Risiko und die Angst zu akzeptieren, die wir durch diese weitere Schwangerschaft eingingen, können offensichtlich sicher nur wenige Menschen wirklich nachvollziehen.

Die Aufgaben, die das Leben für uns bereithält, sind keineswegs einfach. Der Schmerz verschwindet ja nicht. Jedes Mal, wenn mich jemand fragt, wie viele Kinder ich habe, zögere ich kurz. Manchmal gelingt es mir, die Frage zu umgehen, wenn die Situation gerade überhaupt nicht passt, von einem verstorbenen Kind zu erzählen. Ich will jedenfalls nie jemanden anlügen und antworte immer ehrlich. Dadurch kommt man manchmal in die Situation, dass Menschen sprachlos und betroffen reagieren. Doch ich will und kann über die Existenz meines Kindes nicht lügen. Das empfinde ich als unfair gegenüber meinem Kind. Ich will ihn nicht vergessen, denn ich bleibe immer Brunos Mama.

An Brunos 4. Geburtstag war ich furchtbar deprimiert und habe den ganzen Tag nur Rotz und Wasser geheult. An seinem 1. Geburtstag wiederum ist es mir gar nicht so ergangen. Von meiner Seite kann ich nur berichten, dass die Gefühlsachterbahn noch immer aktiv ist, jedoch ist das Hoch und Runter nicht mehr so überraschend und intensiv wie zu Beginn. Das eigene Kind vergisst man einfach nicht. Auch ältere Menschen, die vielleicht vor 60 Jahren ein Kind verloren haben, denken heute noch daran. Früher kam eine Fehlgeburt oder ein Kindstod auch noch häufiger vor und solche Fälle wurden nicht großartig aufgearbeitet. Aber es fühlt sich einfach nicht richtig und total unfair an, das eigene Kind zu überleben. Für jede Mutter bzw. Familie bedeutet der Tod eines Kindes eine Katastrophe.

Sehr beeindruckend und berührend sind immer wieder Gespräche mit anderen Betroffenen. Es ist unglaublich zu sehen, wie viel Stärke da in jedem Einzelnen schlummert. Ich denke da an einen Vater, der mir unter Tränen von der Fehlgeburt seines Sohnes in der 22. Schwangerschaftswoche erzählt. Da ein genetischer Defekt zu der Fehlgeburt führte, entschieden er und seine Frau sich dazu, Eltern für Pflegekinder zu werden. Es berührte mich so sehr, als dieser Vater mit einer bewundernswerten Selbstverständlichkeit erzählte, dass diese Pflegekinder vom Gefühl her zu hundert Prozent seine eigenen Kinder sind. Solche Familien hatten gewiss keinen leichten Start, aber ich empfinde sie als sehr starke, bewundernswerte Familien mit unglaublich viel Zusammenhalt und Liebe.

Unsere Geschichte erzählen

Es tut gut, Erfahrungen auszutauschen, und gleichzeitig will und wollte ich unser „Schicksal" niemandem auf die Nase binden. Die Zeit mit Bruno hat mich vollkommen verändert in meinem Denken und Handeln, aber es ist nicht mein gesamter Lebensinhalt. Bei Begegnungen mit anderen Menschen fühle ich mich hin und wieder nur auf ein Schicksal reduziert. Ich will nach wie vor über verschiedene Themen sprechen können und als Person mit unterschiedlichen Erfahrungen, Zielen und Wünschen wahrgenommen werden und nicht als arme, verwaiste Mutter, die keinen Grund mehr hätte, weiter zu leben. Wir haben sehr einschneidende Erlebnisse gehabt, aber dennoch will ich nicht ausschließlich als Mutter eines toten Kindes bezeichnet oder gar vorgestellt werden. Es ist nicht mein Wunsch, bewusst die

Existenz von Bruno zu verschweigen, denn Bruno ist ein Teil von mir. Ich haderte deshalb sehr lange mit mir selbst, ob ich diese Erfahrung überhaupt niederschreiben und veröffentlichen sollte oder nicht. Es war und ist zermürbend, Menschen zu begegnen, bei denen man spürt, wie sie quasi mit dem Finger auf einen zeigen und offen oder hinter vorgehaltener Hand untereinander nur etwas zuflüstern wie „die, bei der das Kind gestorben ist." Menschen sind so schnell befangen und wissen nicht, wie sie mit einem umgehen sollen. Doch ich kam an einen Punkt, an dem es sich richtig anfühlte, die Geschichte niederzuschreiben. Entscheidend war das 5-Jahres Symposium des mobilen Kinderpalliativteams in Graz. Wir wurden von der Seelsorgerin des Teams, mit der ich nach wie vor Kontakt habe, gefragt, ob wir von Bruno und unserer persönlichen Erfahrung im Zuge dieser Veranstaltung erzählen könnten. Neben den Fachvorträgen wollten sie auch eine persönliche Geschichte einfließen lassen und deshalb wurden wir gefragt. Martin und ich redeten darüber und erklärten uns schließlich dazu bereit. Wir hatten eine halbe Stunde zur Verfügung, um unsere Geschichte zu erzählen.

In der Vorbereitung hatte ich meine Notizen sehr schnell beieinander, jedoch musste ich dabei ständig heulen. Mir war klar, dass ich nicht einfach nur einen Text herunter lesen, sondern unsere Geschichte bewusst und ehrlich erzählen will. Obwohl ich meinen Text daheim übte und laut für mich vorlas, kamen mir immer die Tränen. Ich kam also nicht drumherum, das Publikum mit Tränen zu konfrontieren. Es war für mich aber vollkommen in Ordnung und ich war darauf gefasst. Während ich auf der Bühne stand und sprach, bekam ich mit, dass einige im Publikum schniefen und Taschentücher hervorholten. Ich hatte sie berührt.

Nachdem wir von der Bühne gegangen waren, waren wir in der Pause und im Anschluss an die Veranstaltung ständig von Menschen umringt. So viele kamen zu uns, die wir von der Zeit mit Bruno noch kannten und die wir seit Brunos Abschiedsfeier nicht mehr gesehen hatten - Ärzte, Krankenschwestern, usw.. Andere, uns völlig fremde Menschen, kamen aber ebenfalls auf uns zu, um sich für unseren Vortrag zu bedanken. Ich war angesichts dieses großen Zuspruchs sehr überrascht und hatte gleichzeitig das Gefühl, dass es damit nicht genug war.

Die Anwesenden des Symposiums waren so dankbar für unsere Einsichten und dass wir unsere Erlebnisse mit ihnen so ehrlich teilten, dass ich mich fragte, ob ich nicht noch mehr Menschen helfen könnte. Nachdem ich Anfang Dezember auch noch bei einer Buchvorstellung von Martin Prein über sein Werk „Letzte-Hilfe-Kurs" teilgenommen hatte, war ich endgültig motiviert. Ich fing an, meine Gedanken, die ich für das Symposium zusammengeschrieben hatte, weiter auszuführen und all meine Erinnerungen und Gefühle niederzuschreiben. In erster Linie war mein Antrieb der Gedanke an andere Familien. Ich will ihnen eine Stütze sein. Es gibt so viele unterschiedliche Schicksale und jedes einzelne kann herzzerreißend sein. Doch ich finde es ist beruhigend zu wissen, dass man nicht allein ist.

Bruno ist nicht mein einziger Lebensinhalt, aber er ist ein wichtiges Kapitel voller Freude, Kraft und Liebe. Ich will mit seiner Geschichte Hoffnung schenken. Wir haben die Zeit mit ihm gut verbracht und ich hoffe, ich kann durch die Erzählung anderen Menschen Mut machen. Egal, wie mein Leben weiter verläuft: Bruno werde ich nie vergessen. Er bleibt für immer in meinem Herzen.

Egal, wo und wann: Solche Regenbögen, wie hier 2018 im Olympic National Park in den USA, erinnern mich an Bruno.

Zeitliche Abfolge der Ereignisse

Juli 2015: Reise nach Island

30. 08. 2015: positiver Schwangerschaftstest

13. 04. 2016: Brunos Geburt

13. 05. 2016: erste Leistenbruch-OP

07. 06. 2016: Tag der Diagnose „Spinale Muskelatrophie, Typ I"

08. 06. 2016: zweite Leistenbruch-OP

07. 11. 2016: Brunos Todestag

12. 11. 2016: Abschiedsfeier

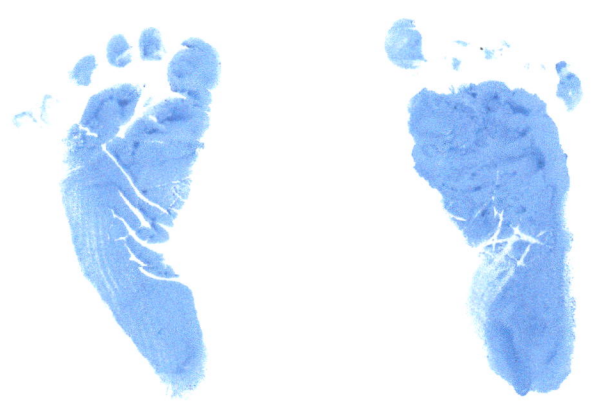

Abdruck von Brunos Füßen kurz nach seiner Geburt

Kontaktinfos mit Hilfe für betroffene Familien

Selbsthilfegruppen bei Trauer/Suizid/Tod eines Kindes
(wie zum Beispiel „Sternenstaub - Eltern von Sternenkindern"):
https://selbsthilfe-stmk.at/trauersuizidtod-eines-kindes/

Sternenzauber & Frühchenwunder e.V.
Liebevoll nähen, stricken und häkeln tausende ehrenamtliche Helfer passende Kleidung und basteln Andenken für Kinder, die viel zu früh die Reise ins Leben antreten und manchmal leider nur sehr kurz in der Mitte ihrer Lieben verweilen dürfen.
https://sternenzauber-fruehchenwunder.de/

Verein Pusteblume
Der Verein Pusteblume widmet sich österreichweit der Förderung der professionellen Beratung und Begleitung bei Fehlgeburt und perinatalem Kindstod (kurz vor, während und kurz nach der Entbindung betreffend).
https://www.verein-pusteblume.at/

Verein Regenbogen Österreich
Eine Selbsthilfe-Initiative von Eltern, deren Babys durch Fehlgeburt, Abtreibung, Totgeburt oder kurz nach der Geburt verstorben sind.
https://shg-regenbogen.at

Sternenkindfotografen
Erinnerungsfotos als ein Geschenk für Eltern, die entweder ein bereits totes Baby auf die Welt bringen müssen oder denen der Tod des Neugeborenen unausweichlich bevorsteht.
https://dein-sternenkind.eu/